Big Fat Cat and The MUSTARD PIE

Takahiko Mukoyama
Tetsuo Takashima
with studio ET CETERA

GENTOSHA

はじめに
〜その一冊の本を探して〜

英語がうまく読めなくて困っていませんか？
もう英語はあきらめよう、なんて思っていませんか？

ほんの少しだけ待ってください。
まずひとつだけ、ある大切なことを伝えさせてください。
英語で書かれた本を読む上で、とても重要なことです。

ちょっと考えてみてください。
　難しいのになんとなく読みやすい本や、簡単なのになんとなく読みにくい本に出会った事はありませんか？　人と人にも相性があるように、人と本にも相性があります。ある程度慣れた言語で読む場合、「相性」というのはそれほど問題ではありません。でも、まだその言語に取り組み始めたばかりの人にとって、これは大問題です。

　運よく最初に手に取った本が自分の趣味や、英語の修得具合に合っていた方はきっと、楽しく英語を読み続けているのではないかと思います。でも、残念ながら手に取った本が自分に合わなかった方もたくさんいると思います。そういう方は本が読めなかったことにがっかりして、失意のうちにまた英語をあきらめてしまっているかもしれません。──こんなに簡単な本を選んだのに読めないのは、自分にはやはり英語の才能がないからだと。

　でも、待ってください。それは違うんです！

　ついつい見過ごしてしまいますが、自分に合った「最初の一冊の本」に出会うというのが、実は一番難しいことなんです。もし英語を修得するまでにいくつか難関があるとしたら、そのうちもっとも大きな難関だとさえ言えるかもしれません。無理をしなくても、自然に読みたくなる本。不思議と英語だと意識させられない本。そういうぴったりの本がきっとどこかにあります。しかし、それを見つけるには一生懸命根気よく探す必要があります。そこであきらめる方が一番多いのも、ぜんぜん不思議なことではないんです。

何しろ、困ったことにここは日本です。アメリカやヨーロッパではありません。外国の本はそうたやすく手に入りません。十年前に比べれば、インターネットの普及などによって洋書が格段に買いやすくなったとはいえ、まだまだ手にとって洋書を選べる環境は数えるほどしかないのが現実です。場所によっては皆無だと言ってもいいかもしれません。
　本来ならその「最初の一冊」を探すのに、外国へ行くのが一番理想的かもしれませんが、それほどお金も時間もかけられないというのがふつうです。しかも、外国の本は当然ながらその国の人に向けて書かれたもので、日本人向けの話や日本人が共感できるテーマのものはどうしても少なくなってしまいます。どこかに日本人によって書かれた日本人のための英語の物語が存在すればいいのですが、残念ながらそれほど都合のいいものがあるはずもありません。

　この本はそんな経緯から生まれました。

　今、手にとられている本書はあなたの「最初の一冊の本」になることを目指して作られたものです。──もちろん、すでにその一冊を見つけた方には、さらに次の本としても読んでいただけます。
　でも、これは英語の勉強の本ではありません。英語に慣れるための本ではありますが、同時に楽しむために書かれた物語です。読みやすくなるように、随所に様々な工夫をしてあります。後半には詳しい日本語の解説もついています。ひとつひとつの単語の意味を楽しみながら、ゆっくり読んでみてください。
　もし、それでも分からないところがあったら、思いきって、その部分をとばしてみてください。すべてを理解する必要なんてありません。物語が楽しめれば十分です。本に身を任せて、物語の登場人物たちと一緒に短い旅に出るつもりで読んでみてください。

そして、できれば繰り返し読んでみてください。一回目で分からなかったことが二回目で分かるかもしれません。絵や文やストーリーの中には、いろんな仕掛けがいっぱい詰まっています。何度も読んで、隠された物語をたくさん見つけてください。舞台となるエヴァーヴィルの町を、どうぞ隅から隅まで楽しんでください。

　この本の英語には正解も不正解もありません。落第もやり直しもありません。何度も読んでいると、ふとこの物語が英語で書かれていることを忘れてしまっている瞬間がやってくるはずです。その時こそ、この本との旅は終わりを迎えます。その先に待つのは、今まで想像したこともない広い世界です。その世界ではたくさんの人々やたくさんの物語との出会いがあなたを待っています。

　今から何年か過ぎて、あなたがすっかり英語に慣れ親しんだとき、この本のことを思い出して、すべてがそこから始まったのだと懐かしく思う日が来ることをスタッフ一同、心から願っています。

　さあ！　それでは旅の始まりです。
　だいじょうぶ。一人ではありません。みんな、一緒です。

　どうか楽しい、良い旅を。

向山貴彦・たかしまてつを・ studio ET CETERA

Big Fat Cat and the Mustard Pie

世界中のどんな国へ行っても、小さな町だけはどこでも一緒です。

有名ではないけれど、おいしいご飯を食べさせてくれるお店。
華やかではないけれど、いい品物を売っている市場。
そして、裕福ではないけれど、幸せな人々。

どこにでもある、そんな平凡な町……
エヴァーヴィルの町へようこそ！

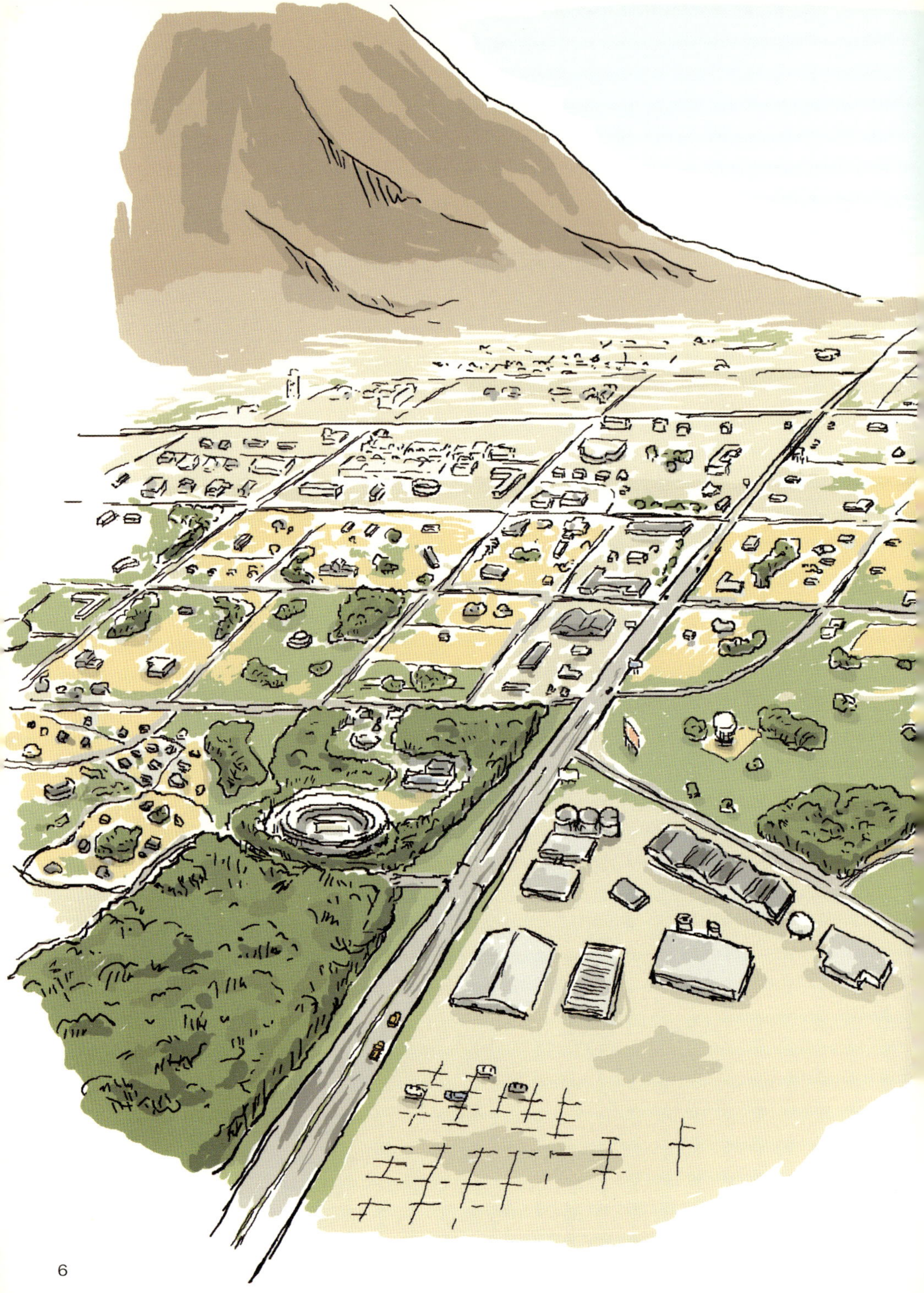

This is the small town of Ẽverville. It is a middle-class town located on a mountainside. Roughly, eight thousand people live here, work here, study here and sleep here ...

On the eastern side of this town, there is a small shopping mall. Most of the shops in the mall have closed down a long time ago.

The name of the shopping mall, "Outside Mall," is a very apt name. It used to be one of the biggest malls in Everville, but the center of town moved away several decades ago.
It isn't planning to come back.

The only stores still open are Eat & Enjoy (an old cafeteria), Style Council (a barbershop)[理容室] and Pie Heaven (a pastry shop)[焼き菓子屋]. There was also a used bookstore (The Bookworm), but it moved out last month.

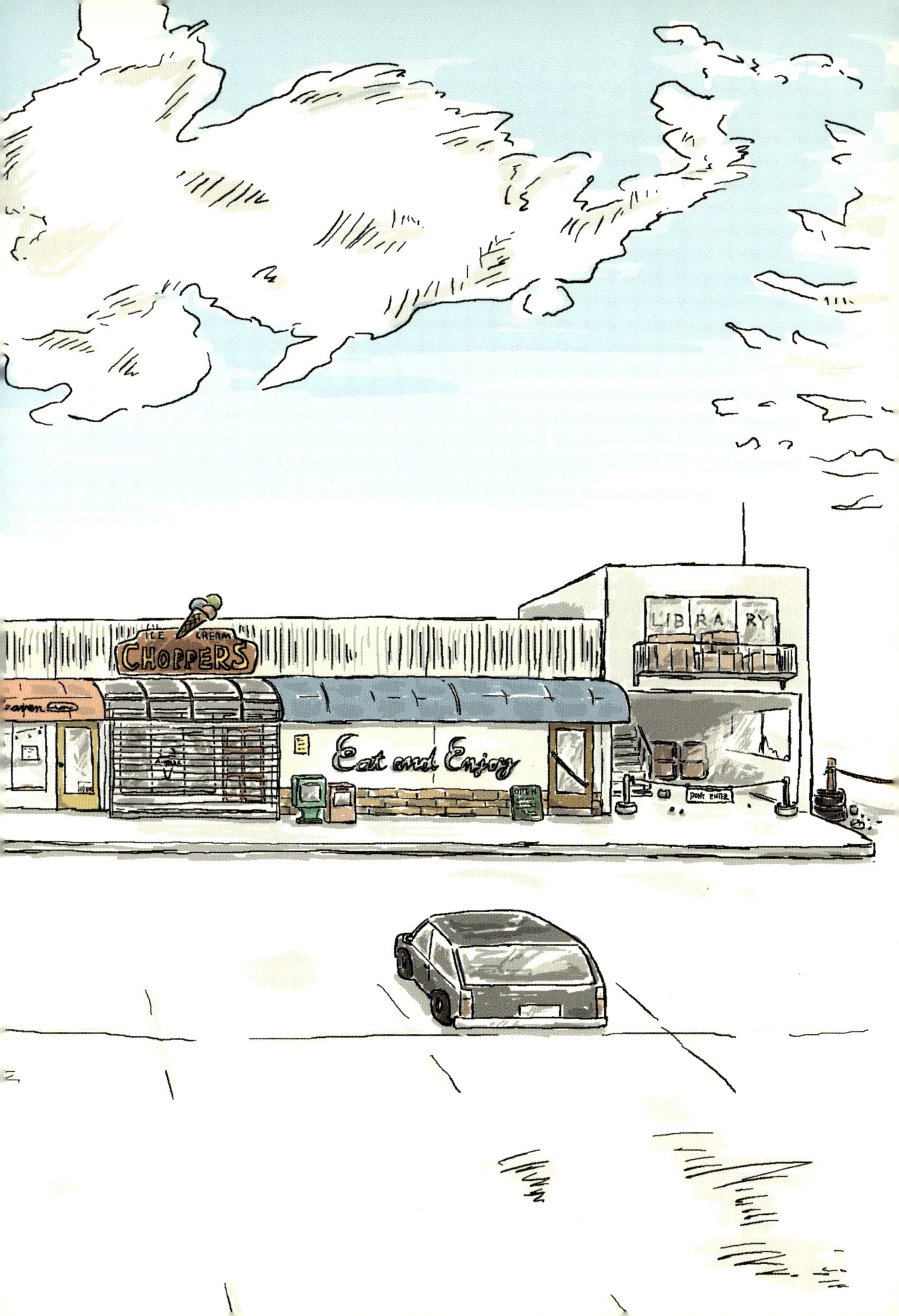
ICE CREAM
CHOPPERS
Eat and Enjoy
LIB RA RY

The owner of the pastry shop is Ed Wishbone, a young man who loves to bake pies. He came to Everville six months ago and started his shop here.

Ed used to be a businessman in the big city but decided to pursue his dream of owning a bakery.

He used to dream about standing in his own bakery baking delicious blueberry pies. His dream had come true. Only it wasn't like what he had imagined.

"Cat! Oh, no! You did it again!!"

Today, as always, was a slow day. It was an hour after lunchtime, but only four customers had shown up. Only two bought pies. Business was not taking off. In fact, it was about to crash land.

BIRTHDAY PIES AVAILABLE

"Where are you!? Get out of here! I told you not to eat these pies!!"

Slow business was not Ed's only problem. There was another one.

A big and fat one.

HOMEMADE FRUIT PIES

APPLE
CHERRY
LEMON
BLUEBERRY

SLICE – 50¢
WHOLE – $3.20

Ed sighed and leaned weakly on the showcase.

It had been three weeks since he decided to live with the cat. He fed the cat three times a day, sometimes four or five times a day, but it kept stealing pies whenever he was away from the shop. The cat always stole the blueberry pies. This was very bad because they sold the best.

Ed's bakery was losing a lot of money. The cat needed a lesson.

Ed thought for a few minutes. Was there a way to teach it?

Words meant nothing to it. It was too fast for Ed to catch so he could not punish it.

Perhaps he should stop baking blueberry pies.

No. That would hurt his business even more.

"Think, Ed! Think!" Ed told himself.

And suddenly he came up with an idea.

Yesterday, Ed had made hot dogs for lunch, and the Big Fat Cat came to the table as usual. Ed gave the cat a hot dog without thinking. The cat bit into it, cried out, and ran into the kitchen. Completely surprised, Ed went after the cat and found it in the kitchen sink. It was drinking water like crazy.

After thinking for a while, Ed finally realized what had happened. The mustard on the hot dog had done the damage. The cat seemed to hate spicy foods.

When Ed woke up today, he found the yellow mustard bottle squashed flat.

"So you hate mustard, eh?" Ed grinned and went shopping.

A while later, he returned from the supermarket with a great big bucket of mustard. He went to the kitchen and got to work immediately.

An hour later, Ed finished making a huge piecrust. He searched for the cat but it was nowhere around. So Ed slowly opened the big bucket of mustard and poured it into the piecrust. It was an incredible amount of mustard. It was probably enough to cover a hundred hot dogs. Maybe more. If there was a lethal amount for mustard, this was way beyond it.

Trying hard not to laugh, Ed carefully spread a layer of blueberries on top of the pie. This way, the cat would think it was a blueberry pie. Boy! The cat was in for the surprise of its life.

Ed placed the diabolical mustard pie where he usually set blueberry pies and waited for the cat to come. Ed imagined what would happen and could hardly keep from laughing. This will teach the cat a lesson for sure.

Ed went into the kitchen and waited for another hour. Two hours went by, but still no cry from the cat. Ed started to worry. What if the mustard pie was really dangerous? What if the cat went into shock after taking a bite?

Ed thought about this, and realized that he had done a cruel thing. He got to his feet and started to run into the shop when he noticed the cat was sleeping under his chair.

"Cat! You smart thing! You didn't eat the pie! Good for you!"

Ed smiled in relief. The cat just frowned because dinner was late.

Just then, the front door opened.

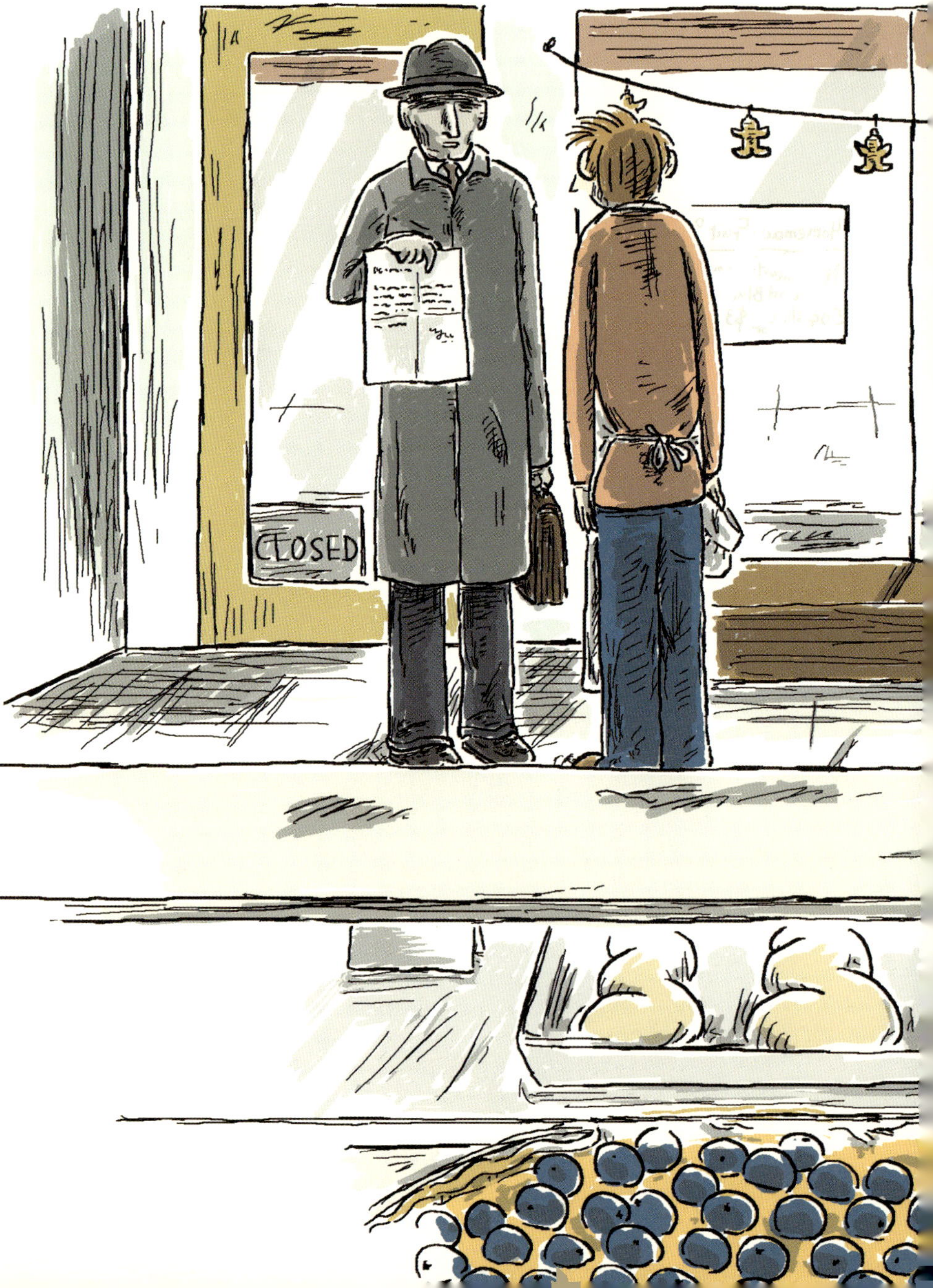
CLOSED

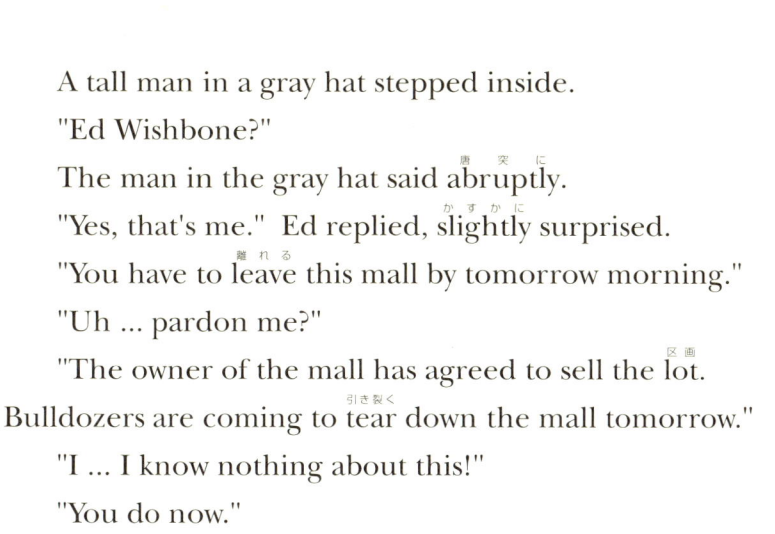

A tall man in a gray hat stepped inside.

"Ed Wishbone?"

The man in the gray hat said abruptly.

"Yes, that's me." Ed replied, slightly surprised.

"You have to leave this mall by tomorrow morning."

"Uh ... pardon me?"

"The owner of the mall has agreed to sell the lot. Bulldozers are coming to tear down the mall tomorrow."

"I ... I know nothing about this!"

"You do now."

With that said, the man in the gray hat left the shop in silence.

Ed turned around and found the cat looking at him.

"I'm in big trouble." Ed mumbled weakly.

The cat only yawned.

Ed picked the phone up and called the owner of the mall.

No one answered.

"I can't just give up. The shop is all I have!" Ed said aloud and slammed the phone down.

"I'm going to the owner's place to ask him about this." Ed said to himself as he grabbed his coat. "Stay here and be a good cat."

Ed told the cat and went out of the front door.

The cat frowned. It was wondering about its dinner.

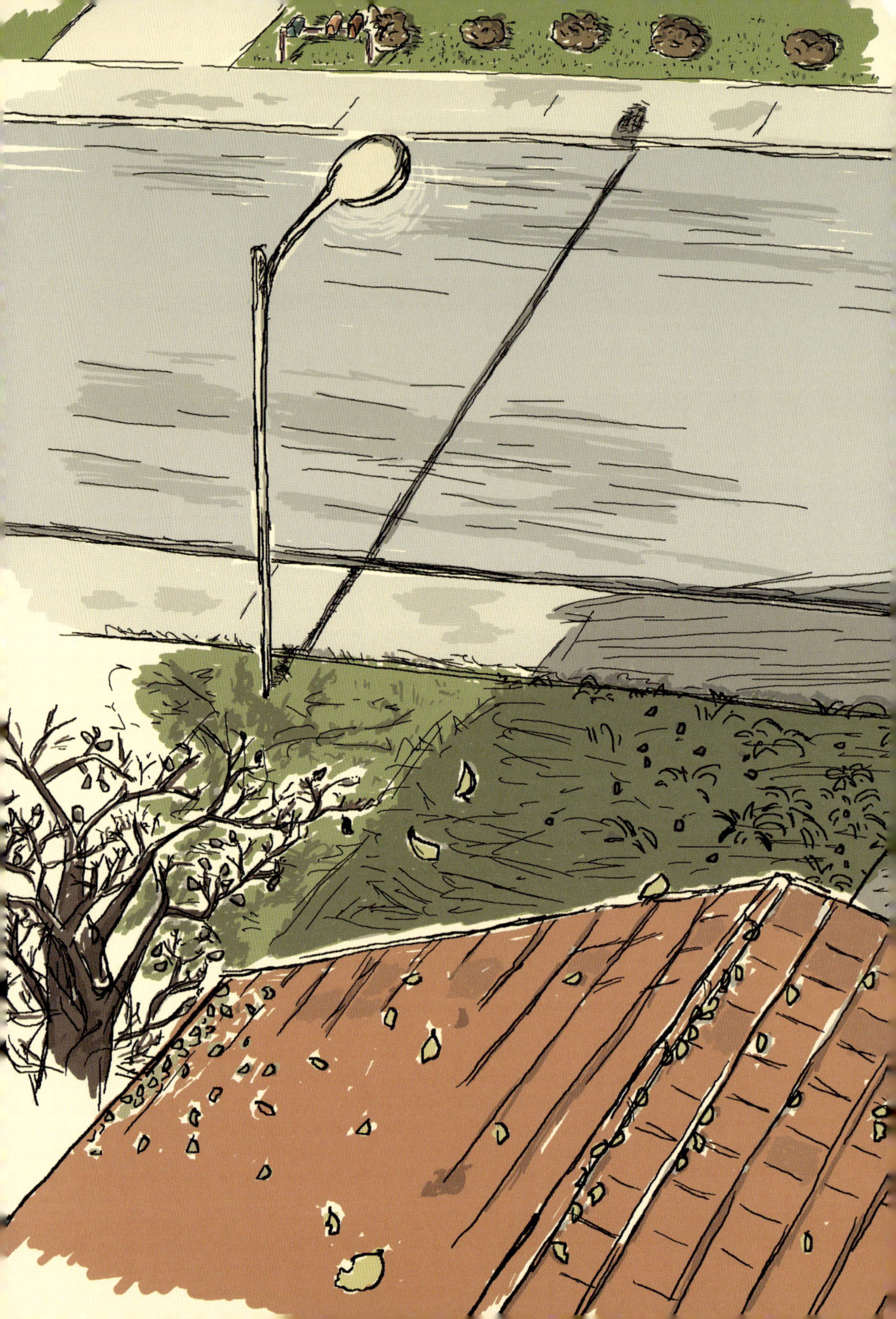

Ed took the bus to the south side of town. This was the place where the rich folks lived. Ed found the mansion where the owner lived but no one answered the doorbell.

Ed tried again. But again, no answer.

Ed decided to wait for the owner. The sidewalk was very cold and the wind was strong but Ed waited.

And waited ...

... and waited ...

... and waited.

But no one came home.

It became dark and the temperature dropped. Ed's hands were very cold. He couldn't feel them.

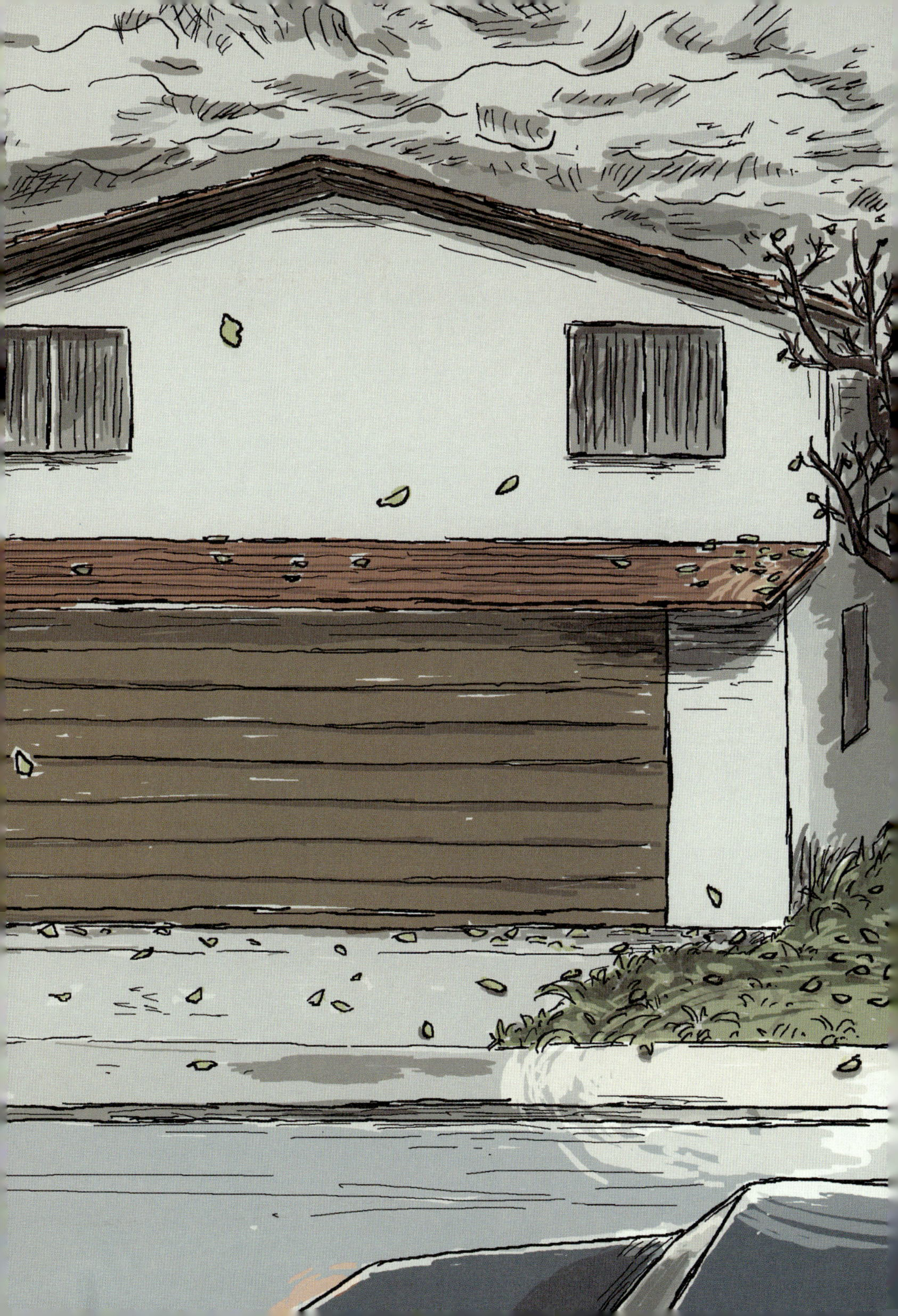

It had been only six months since he opened Pie Heaven. True, it was a small store in a deserted part of town, but it was still his dream. It was all he had.

Rain started to fall somewhere around midnight. Ed was freezing. But he did not give up. He continued to wait.

He realized he was very hungry. And that reminded him that he had forgotten to feed the cat. He imagined the cat crying for food and briefly thought about going home, but finally shook his head.

He wanted to get some food but decided that he wouldn't eat because the cat hadn't eaten either.

And then it became morning.

Still nobody came.

Completely exhausted and discouraged, Ed finally thought of looking through a window inside the owner's mansion.

It was empty.

The owner was long gone. He had probably run away to escape from debt.

Tears streamed down Ed's face, but it was all too late.

Ed took the morning bus home.

In the early morning light, The New Everville Mall appeared alongside the road. Ed looked at it in silence from the bus window. For a moment, Ed wondered if he might someday be able to open a store inside The New Mall. Ed mumbled and shook his head.

The New Mall disappeared behind a hillside and the long road towards the old town stretched out in front of the bus.

Ed sat silently.

Outside Mall was nothing compared to The New Mall, but he loved it anyway. It was still his dream. He was determined to save it.

The bus rounded one final corner and the lake appeared on the left. In a moment, Outside Mall would show up on the same side. Ed started to get up.

And stopped.

"Oh my God ..." Ed whispered.

He staggered towards the door as the bus pulled up to the bus stop.

"No ... no!!"

COUNCIL

Pie Heaven

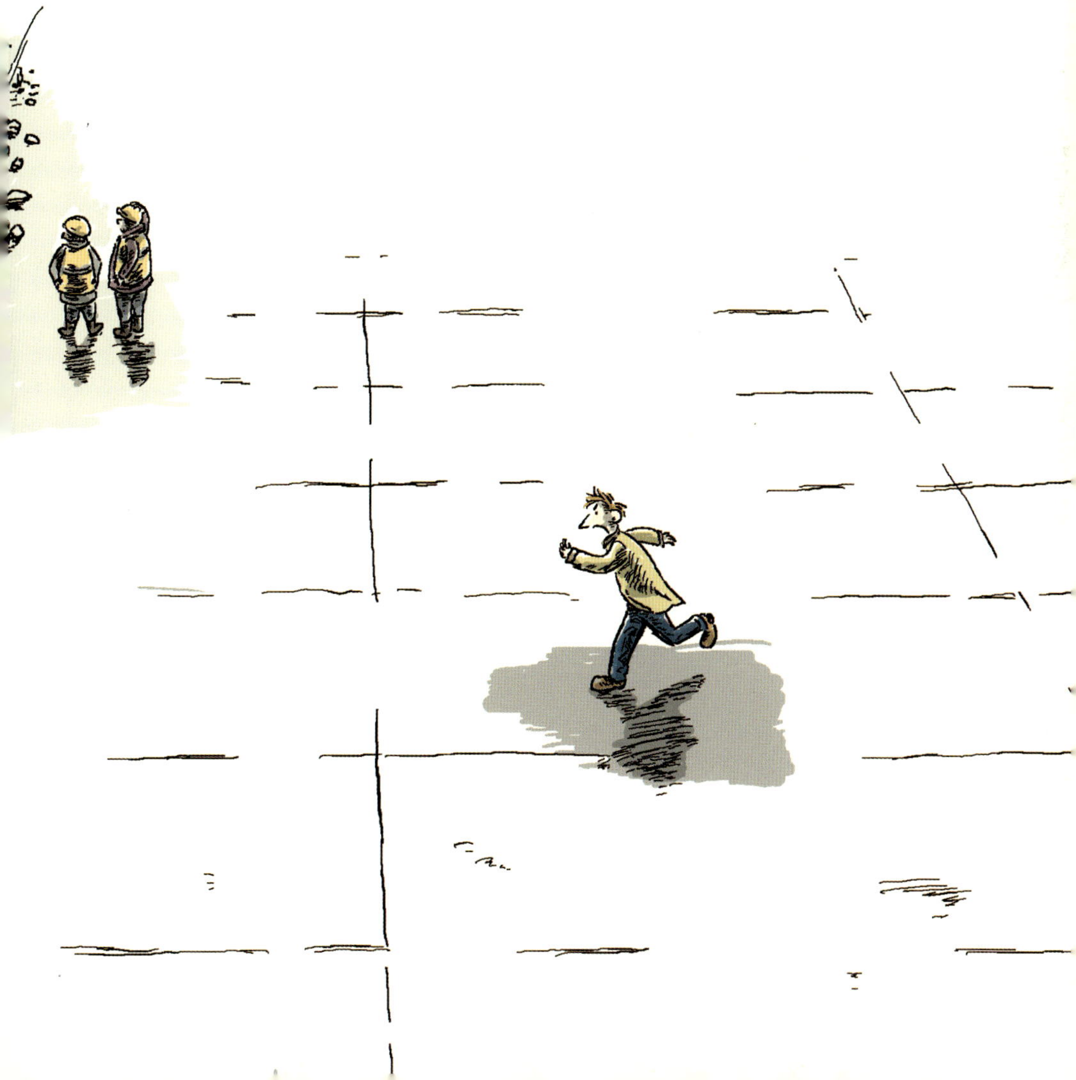

"Cat! Oh my God! Caaatttt!!"

Ed ran straight to the store, completely forgetting about everything else.

"Cat!! Where are you!? Get out of there!"

A bulldozer started to tear into the outside wall of Pie Heaven. Several men noticed Ed running towards the shop and cried out in surprise.

"Hey! You! What are you doing? Somebody stop him!"

A worker caught Ed by the arm, but Ed desperately flung it away. The sidewalls were collapsing inwards. Ed ran into the shop and found the cat sleeping on the showcase. It had eaten most of the pies for yesterday's supper.

Ed grabbed the sleeping cat and dashed back to the front door. The surprised cat tried to get away but Ed held on tightly. Just before the whole building crashed down, Ed tumbled out of the shop.

The cat scratched its way out of Ed's hands and ran for its life.

The construction workers barely managed to rescue Ed from the wreckage.

Several hours later, Ed sat in the parking lot of Outside Mall looking at the empty space that used to be his shop. The trucks had taken everything away. Ed had lost everything in one day.

The Big Fat Cat came out from behind a pile of concrete and cautiously approached Ed. It was careful because it thought that Ed would grab it again. Ed noticed the cat and turned around. The cat jumped in alarm.

Ed said weakly.

"You know, I used to think that life was like a blueberry pie. Sometimes sour, but mostly sweet. But I was wrong. ...... Life isn't a blueberry pie. It's more like a mustard pie. I've lost everything."

The cat slowly approached Ed, still cautious, but came right to his feet. It meowed. It was probably hungry.

Ed found a weak smile.

Well ......

Perhaps not everything.

FOR-
EVERVILLE
CAMP

to be continued :

One man and a cat
Out in the city to find a lost dream

"Big Fat Cat Goes To Town"

IN BOOKSTORES EVERYWHERE

「ビッグ・ファット・キャットとマスタード・パイ」
をもっと読みこむ

英語に答えはありません。
だから、これは答え合わせのページではありません。

まちがいを見つけたり、文の形を確認したり、
うまく読めなかったからといって不安になったり……
そういうページではありません。

もっと英語を楽しむために、もっと物語を楽しむために、
いろんなヒントを集めてみました。
気がつかなかったこと、隠されていたことを探してみてください。

英語のしくみ

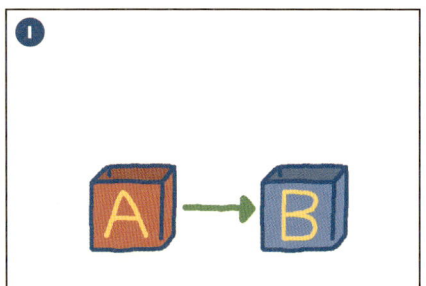

❶ 英語の文のほとんどは、左図のように**A**と**B**という二つの箱と、それらを結ぶ右向きの矢印という形でできています。

❷ **A**の赤い箱には文の「主役」が、**B**の青い箱には「脇役」がそれぞれ入ります。主役や脇役は「人・もの・考え」などの「役者」となる言葉です。ここでは**A**の箱に「**The cat**」、**B**の箱に「**Ed**」を入れます。

❸ 役者はたいてい自分を飾る様々な「化粧品」を前につけて、箱に入ります。長い「化粧品」は「化粧文」として「役者」の後ろにつきます。

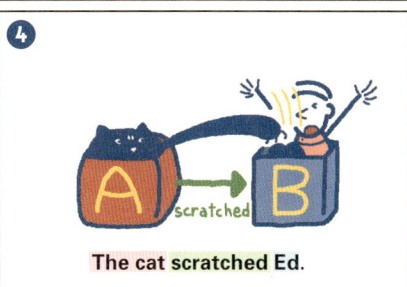

❹ 緑の矢印は主役が脇役に「何をしたか」です。ここでは **scratched**（ひっかく）しています。**A**の箱、**B**の箱、そして矢印——これら三つのパーツで「**A**が**B**に何かをする」という形の文ができあがります。この**A**→**B**が英語の基本形です。

Big Fat Cat and the Mustard Pie

❺ The cat scratched Ed in the kitchen.

箱に入らなかった部分はただの「付録」です。「場所」「時間」「どのように」などを表す言葉ですが、それほど大切なものではありません。いざとなれば除外して考えてもよいぐらいです。

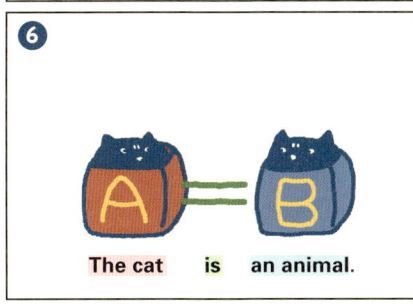

❻ The cat is an animal.

A→B以外でよく見かける文の形はほかに二つしかありません。ひとつがA＝Bの「イコール文」。Aの箱とBの箱に同じもの、もしくはAに関する説明がBの箱に入る場合です。説明文などに使われるこの形では、たいていイコールは be の仲間（is、am、are、was、were）のどれかです。

❼ The cat slept.

もうひとつの場合は、矢印の動作を主役が一人でできてしまう場合です。この時、当然Bが必要ないのでA⤴だけの形になります。左図では猫は slept、つまり寝ていますので、この文では当然Bの箱が必要ありません。

❽

ほかにもいくつか稀に出現する特殊な形がありますが、英語の文章のほとんどはこの三つの形でまかなうことができます。そのほかの特殊な形が登場した場合には、解説の中でそれぞれ説明していきます。

解説の読み方

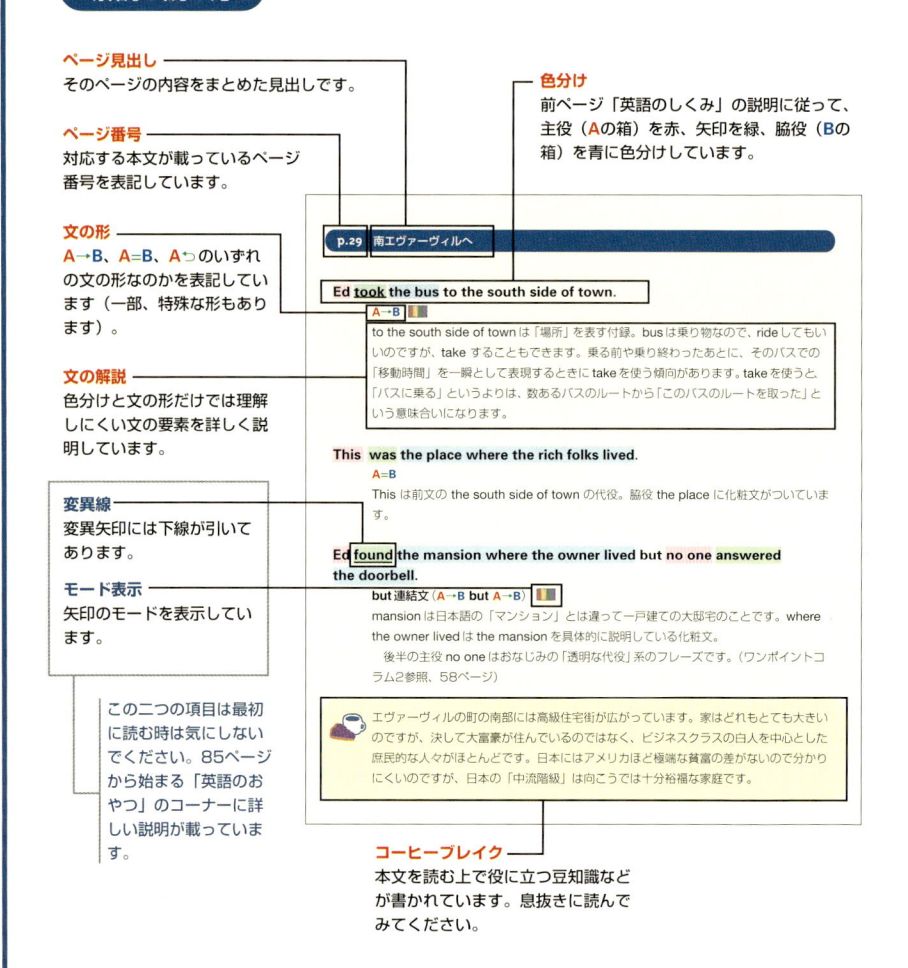

ページ見出し
そのページの内容をまとめた見出しです。

ページ番号
対応する本文が載っているページ番号を表記しています。

文の形
A→B、A=B、A⤴ のいずれの文の形なのかを表記しています（一部、特殊な形もあります）。

文の解説
色分けと文の形だけでは理解しにくい文の要素を詳しく説明しています。

変異線
変異矢印には下線が引いてあります。

モード表示
矢印のモードを表示しています。

色分け
前ページ「英語のしくみ」の説明に従って、主役（**A**の箱）を赤、矢印を緑、脇役（**B**の箱）を青に色分けしています。

---

p.29　南エヴァーヴィルへ

Ed **took** the bus to the south side of town.
A→B

to the south side of town は「場所」を表す付録。bus は乗り物なので、ride してもいいのですが、take することもできます。乗る前や乗り終わったあとに、そのバスでの「移動時間」を一瞬として表現するときに take を使う傾向があります。take を使うと、「バスに乗る」というよりは、数あるバスのルートから「このバスのルートを取った」という意味合いになります。

This was the place where the rich folks lived.
A=B
This は前文の the south side of town の代役。脇役 the place に化粧文がついています。

Ed **found** the mansion where the owner lived but **no one** **answered** the doorbell.
but連結文（**A→B** but **A→B**）

mansion は日本語の「マンション」とは違って一戸建ての大邸宅のことです。where the owner lived は the mansion を具体的に説明している化粧文。
後半の主役 no one はおなじみの「透明な代役」系のフレーズです。（ワンポイントコラム2参照、58ページ）

☕ エヴァーヴィルの町の南部には高級住宅街が広がっています。家はどれもとても大きいのですが、決して大富豪が住んでいるのではなく、ビジネスクラスの白人を中心とした庶民的な人々がほとんどです。日本にはアメリカほど極端な貧富の差がないので分かりにくいのですが、日本の「中流階級」は向こうでは十分裕福な家庭です。

コーヒーブレイク
本文を読む上で役に立つ豆知識などが書かれています。息抜きに読んでみてください。

この二つの項目は最初に読む時は気にしないでください。85ページから始まる「英語のおやつ」のコーナーに詳しい説明が載っています。

解説の用語集

【and連結文／but連結文】

二つ以上の文が and や but などでくっついている時には、以下のように表記されています。（ ）内はそれぞれの文の形です。

Ed threw the pie and the cat chased it.
　　and連結文（**A→B** and **A→B**）

【否定の文】

「矢印」の周辺に no や not や never などがある場合、それは「否定の文」です（don't や didn't なども do not や did not の省略形なので not が含まれています。ご注意ください）。こういった場合には以下のように「否定の文」の表記がありますので、文全体の最後に「〜ではない」をつけて考える必要があります。

The cat didn't like Ed.
A→B 否定の文

【接着剤】

in、on、at、of などに代表される、翻訳できない短い言葉が接着剤です。ついた言葉の意味をより深くする働きを持っています。代表的な接着剤は9つ。下に意味を図で表していますので参考にしてみてください。

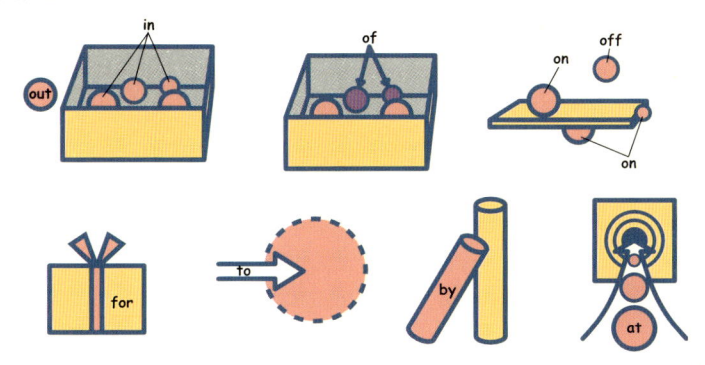

『ビッグ・ファット・キャットの世界一簡単な英語の本』の読者の皆様へ

　前回の本では、be とその仲間（is、am、are、was、were）が矢印の位置に入る文について、「ほぼ確実にA=Bの文の形になる」とした上で、be のあとに 〜ing や 〜ed で終わる形の矢印が続いた場合、また、脇役が存在しない場合などには、例外を設けて別の形で説明を加えていました。

　ですが、より分かりやすい方法を模索した結果、本書より be とその仲間は例外なく「=」で置き換え、文の形は全てA=Bに統一させていただきました。何年も英語を続けていく中で、A=Bの中にもいくつかの種類があることに自然に気がつかれると思いますが、最初はすべてA=Bで統一する方がより直感的だと判断したためです。もちろん、この形がなじみにくいという方は、従来の文法をベースに考えていただいてもなんら問題はありません。これはあくまでも BFC BOOKS が独自に取り入れた方法論であり、どのようなやり方であれ、英語を楽しむことができればそれが一番よい方法です。御理解の上、御了承下さい。

ここからは本編の解説です。もし解説とちがう文の形、色分けで理解していたとしても、意味がとれて、物語を楽しめたなら、何も問題はありません。あくまで英語を理解するためのヒント集と考えてください。

> **p.07　エヴァーヴィルの町へようこそ**

This is the small town of Everville.
A＝B

物語の幕開けです。This はこのページのエヴァーヴィルの風景全体です。

It is a middle-class town located on a mountainside.
A＝B

located on a mountainside は town の化粧文。

Roughly, eight thousand people live here, work here, study here and sleep here ...
and 連結文（A⤴, A⤴, A⤴ and A⤴）

すべての矢印の前には、主役 eight thousand people が入りますが、二度目以降は省略されています。

> アメリカの典型的な小さな町――それがエヴァーヴィルです。「永久に」「いつまでも」という意味を持つ「ever」と、「町」の意味を持つ「ville」が組み合わさった少しファンタジックな名前ですが、実際は中流家庭の多いごく平凡な町です。東側が旧市街、北側がスラム街、西側が商業地区、南側が高級住宅街になっています。

> **p.08　潰れたお店ばかりのショッピング・モール**

On the eastern side of this town, there is a small shopping mall.
A＝B

On the eastern side of this town は「場所」の付録です。

Most of the shops in the mall have closed down a long time ago.
A⤴

closed だけだと毎日の閉店。down という「下降」を表す「場所」の付録がつくと、二

度と店を開けない閉店。閉めて倒す——つまり「倒産」になります。

p.09　町の中心は去った

The name of the shopping mall, "Outside Mall," is a very apt name.
適切な
A = B
主役がかなり長い文です。「ショッピング・モールの名前」と言ったあと、具体的にその名前である「アウトサイド・モール」を示しています。

It used to be one of the biggest malls in Everville, but the center of town moved away several decades ago.
数十年前
but 連結文（A = B but A ↩）
It は前文の the shopping mall の代役。used to は矢印やイコールに「かつては〜だった」という意味を加えます。この used が役者についたときは、used books、used cars など「中古品」になります。矢印やイコールと一緒に使われる場合も、何か古びたイメージを思い浮かべてみてください。

　　used to には、さらにもうひとつ隠されたニュアンスがあります。「かつては〜だった」ということは、つまり「今は違う」ということです。本当に表現したいのはむしろ後者の方だと言えるかもしれません。

　　one of the biggest malls in Everville の biggest は big の変形で「一番大きい」。

It isn't planning to come back.
計画する
A = B　否定の文
It は前文の the center of town の代役。to はよく出てくる接着剤ですが、＞という記号に置き換えると分かりやすくなります。ここでは「計画していないのは＞（アウトサイド・モールのあるところへ）戻ってくること」。（『ビッグ・ファット・キャットの世界一簡単な英語の本』81 ページ参照）

> outside は基本的に「外側」という意味ですが、「はずれの方」「蚊帳の外」などの悪い意味も少し持っています。きっとアウトサイド・モールのオーナーは、全店舗が外に向かった開放型のモールであることを強調したくてそう名付けたのでしょう。しかし、皮肉なことに今は「町のはずれの方」という意味にとれてしまいます。

p.10　生き残ったお店たち

The only stores still open are Eat & Enjoy (an old cafeteria), Style Council (a barbershop) and Pie Heaven (a pastry shop).
（理容室）　（焼き菓子屋）

A＝B

主役の中心は stores で、あとは化粧品です。具体的な店名が挙がってきました。物語が動き始めます。どの名前もアメリカの小さな町にいかにもありそうな店名です。

There was also a used bookstore (The Bookworm), but it moved out last month.

but 連結文（A＝B but A↩）

The Bookworm はそのまま「本の虫」という意味の店名です。

> 現在のアメリカでは、このような商店街スタイルのモールはほとんど作られていません。60〜70年代に全盛だったこの形態は、当時家族の週末の遊び場として賑わっていましたが、今では各地で老朽化しています。それでも、そういう小さなお店を頑なに守っている人たちがまだまだたくさんいるのも事実です。

p.12　エド・ウィッシュボーン

The owner of the pastry shop is Ed Wishbone, a young man who loves to bake pies.

A＝B

やっと主人公の登場です。カンマから後はエドがどんな人なのかを詳しく説明している化粧文。さらに who 以下は a young man につく化粧文なので、ここでは化粧文の中にもうひとつ化粧文が入っています。

　loves to bake pies は loves ＞ bake pies と置き換えて読んでみましょう。「大好きなのは＞パイを焼くこと」。

He came to Everville six months ago and started his shop here.

and 連結文（A↩ and A→B）

He はエドのこと。to Everville は「場所」を表す付録、six months ago は「時間」の付録です。二番目の矢印 started の前には本来、もう一度 he（Ed）が入るはずですが、繰り返すとくどくなるため、省かれています。

Big Fat Cat and the Mustard Pie

> pastry shop は大きく分ければ「焼き菓子屋」さんになります。日本では、パイは高級なお菓子のような印象があるかもしれませんが、アメリカのパイは食後によく出てくるおなじみの（多くの場合、あまりおいしくない）おやつです。日本でいえば、おはぎやおまんじゅうにあたるものでしょうか。

p.13 エドの夢と現実

Ed used to be a businessman in the big city but decided to pursue his dream of owning a bakery .
（きめる／おいまとめる／しょゆうする）

but 連結文（A＝B but A→B）

used to がまた出てきました。エドの過去の様子です。古びたイメージは浮かびましたか？

後半の decided to pursue his dream は decided ＞ pursue his dream。「決意したのは＞夢を追い求めること」。of owning a bakery はどんな夢なのかを示す化粧文です。

He used to dream about standing in his own bakery baking delicious blueberry pies.

A ↩

about 以下はエドの夢の具体的な内容を表しています。この文もまた used to があるので、古びたイメージです。

His dream had come true .

A ＝ B

イコール文の中でも特殊な形です。夢が現実となって「やってきた」。実現したら夢＝現実になりますね。

Only it wasn't like what he had imagined.
（ただ／そうぞうする）

A ＝ B　否定の文

化粧文はあるけれど、それをつける役者がとても漠然とした「何か」でしかない場合、役者の位置には what を置いておきます。このように「何か」「誰か」「どこか」など、特定できない役者を使う場合、「what」「who」「where」などを仮に入れておいて、それに化粧文をつけます。

ここでの like は「〜のような」というニュアンスを加えます。

アメリカ人の「おふくろの味」といえばローストビーフ、フライドチキン、豆料理などがありますが、パイもそのひとつです。どこの国でもそうですが、「おふくろの味」は子供の時は食べ飽きていて、「えー、また〜」と嫌うものですが、大人になって親元を離れると、とたんに恋しくなる食べ物です。

p.14　倒産寸前のパイ・ヘヴン

"Cat! Oh, no! You <u>did</u> it again!!"

A→B

主役の You は Cat。it はまだ何か分かりません。おそらくいいことではないでしょう。

<u>Today</u>, as always, <u>was</u> a slow day.

A＝B

文章のリズムをコミカルにするために、そして always を強調するために、主役とイコールの間に付録 as always が挿入されています。「slow な日」というのがどんな感じの一日か想像してみると、エドの毎日が見えてくるはずです。

It <u>was</u> an hour after lunchtime, but only four customers <u>had shown</u> up.

but 連結文（A＝B but A⤴）

なるほど、slow day です。

Only two <u>bought</u> pies.

A→B

two は two customers のことです。このありさまですから、当然……

Business <u>was not</u> taking off.

A＝B　否定の文

……もうかっているはずはありません。この場合の off は何にも接触していない「場所」を表す付録。take off というと、飛行機が地面を離れて空中へ飛び立つイメージが一番最初に浮かぶ言葉ですが、take という単語の意味をより意識して、大きな見えない手が滑走路の飛行機をすーっと持ち上げる感じを想像してみてください。take off は、実際には take off the ground となるわけです。同じように「Business」が飛び立つ感じも想像してみてください。まあ、エドの店の場合は take off していないのですが……。

Big Fat Cat and the Mustard Pie

In fact, it was about to crash land.
A＝B

前文からの流れで飛行機のたとえが続きます。it は「エドの Business」。land だけなら「着陸」ですが、「crash」して着陸するわけですから、「墜落（不時着）」になります。about は「付近」のイメージを持つ接着剤です。（『ビッグ・ファット・キャットの世界―簡単な英語の本』80 ページ参照）

> このページからはセリフも出てきて、物語のテンポが少し変わっています。キャラクターが登場すると、展開が速くなりますので気をつけてください。

---

p.15　もうひとつの「大きな」問題

"Where are you!?
A＝B

You are where が元の形ですが、「どこ」を強調するために where を一番前に置いています。

Get out of here!
（**A**）⤴

主役は隠れていますが、呼びかけている相手は You（cat）です。ここでは get という動作が強調されて命令口調になっています。get out で「外を得ろ」、つまり「出てこい」。「命令」について、詳しくは下記コラムを参照してください。

ワンポイントコラム１　～ 消えた主役 ～

「命令口調」で話したい時、英語では主役（**A**の箱）を省いて文を作ります。これまでにも脇役が省かれた文というのは紹介していますが、主役が完全に消えてしまうのは初めてです。

　具体的には、命令口調とはこんな文です。

Scratch Ed!

　英語の文章では常に大事なものほど文の先頭に出します。命令口調の文章では、一番大切な主役を省くことで主役の地位を低め、同時に行動を示す矢印を前に出すことで、「大切なのは主役ではなく、行動の方」というニュアンスを強調します。結果、この文は「命令口調」となります。これだけでは誰に命令しているのかは分かりませんが、「エドをひっかく」という動作を誰がするのかと想像すると、この文の「消えた主役」は cat だと考えるのが自然です。

　このように命令口調の時は、命令されている人が「（消えた）主役」です。

I told you not to eat these pies!!"

A→B / B'

この物語では初めて登場する特殊な文の形です。二番目の脇役は not 以降の文全体。

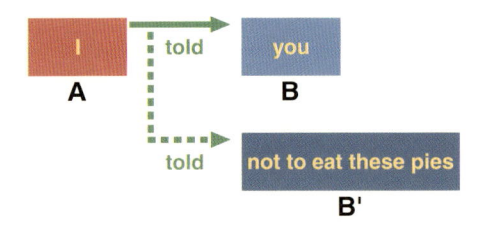

```
[ I ] --told--> [ you ]
  A                B
     `--told--> [ not to eat these pies ]
                         B'
```

(『ビッグ・ファット・キャットの世界一簡単な英語の本』69 ページ参照)

Slow business was not Ed's only problem.

A＝B　否定の文

There was another one.

A＝B

one は前に出てきた言葉の繰り返しを避けるために使われます。ここでは problem を one に置き換えています。分かりにくければ、元の単語に戻してみましょう。

A big and fat one.

不完全な文

この文の one も problem の代役です。

> 猫が丸まっている場所はキッチンの入口です。この奥にはエドが生活している部屋もあります。アメリカの建物は本当に広いので、部屋がまるまる余って、倉庫になっていることなども珍しくありません。

---

p.16　猫の好物はブルーベリー・パイ

Ed sighed and leaned weakly on the showcase.

and 連結文（A↩ and A↩）

It had been three weeks since he decided to live with the cat.

A＝B

ここでの It は何か特定のものの代役ではなく、「時間」を表現する文の文頭に慣例でつけ

る It です。あえて言うなら「時間」という実体のない、漠然としたものの代役でしょうか。since は動作や時間の経過の「スタート地点」を表す単語で、ここではスタート地点が「猫と暮らし始めた時」。それから経過した時間が前半部分というわけです。

He fed the cat three times a day, sometimes four or five times a day, but it kept stealing pies whenever he was away from the shop.

but 連結文（A→B but A→B）

ちょっと長い文です。前半は猫の旺盛な食欲を強調するため、食事の回数を「時間」の付録で繰り返し伝えています。文の後半の whenever 以下も「時間」の付録。when だけでも意味は通じますが、意味を強める -ever をつけると「いつでも」になります。前に出てきた used to もそうですが、単語にはそれ自体で強いイメージを持っているものが多くあります。ever は文脈に「果てしない感じ」を与える広がりのある一語です。ever を見たら「どこまでも広がっていく大きな空」みたいなものをイメージしてください。

The cat always stole the blueberry pies.

A→B

「時間」の付録 always が矢印の前に出て強調されています。

This was very bad because they sold the best.

A＝B

because で始まるフレーズは「理由」を説明しています。they は the blueberry pies の代役。

Ed's bakery was losing a lot of money.

A＝B

The cat needed a lesson.

A→B

a lesson が必要であるということは、つまりお仕置きが必要ということ。

こうしてみると、店内がだだっ広い上に、何もないように見えます。でも、アメリカの郊外にある古いお店ではこういった造りはそれほど珍しくありません。モールの最盛期にはおそらく、この広い空間が狭く感じられるほどのお客さんがいたのでしょうが……。

p.17　エド、お仕置きの計画を練る

Ed <u>thought</u> for a few minutes.
　A ↩

Was there a way to teach it?
　A＝B

ここからしばらくはエドの頭の中で展開しているひとりごとです。to teach it は「a way（方法）」を詳しく説明している化粧文。？マークが最後についた「疑問の文」の時は主役と矢印の位置が入れ換わることもありますが、読む上では「そういうことがある」と覚えておくだけで十分です。

Words <u>meant</u> nothing to it.
　　　　意味する
　A→B

nothing は分解すれば no + thing。つまり「ないもの」。ここでは「ないものを意味する」転じて「何も意味しない」となります。この no で始まる言葉群については次のコラムを参照してください。

ワンポイントコラム 2　～ 存在の耐えられない軽さ ～

　Nothing is there. これは通常「何もない」と訳される文章ですが、よく英語の文を見てみましょう。実はこれは「何もない」という文章ではありません。「Nothing がある」という文章です。同様に Nobody is there. は「誰もいない」と訳されますが、実際の意味は「Nobody がいる」となっています。たとえばそこに椅子があるとしたら、nobody という透明人間が椅子に座っている→したがって誰も座れない→誰も座っていない、という回りくどい比喩の表現です。こういった no がつく単語はすべて存在しない場所、時間、部分などを置いておくことで、そこが空であることを示す「透明な代役」です。ただ単純に「誰もいない」「何もない」などと丸暗記で憶えるよりも、できれば下のようなイラストを思い浮かべて、英語の面白さを味わってみてください。

Nobody here. 　　　　　　　Nothing is there.

It was too fast for Ed to catch so he could not punish it.
　　　あまりに　　　　　　　　　　　　　　　　罰する
　so 連結文（A＝B so A→B）　否定の文

前半の文の脇役が長くてよく分からなければ、脇役の中心の fast を残して、残りの化粧品を落としてしまいましょう。ついでに代役 It も The cat に戻すと、前半の文は The cat was fast。これなら意味も簡単です。

Perhaps he should stop baking blueberry pies.

A→B

baking で「焼くこと」。

No.

不完全な文

That would hurt his business even more.

A→B

That は二つ前の文「Perhaps ～」全部の代役。even more は「どのように」を表す付録。more だけだと「もっと」ですが、even がつくと「もっとずっと」。

"Think, Ed! Think!"

(A) ↻

エドが自分に命令しています。(ワンポイントコラム 1 参照、55 ページ)

Ed told himself.

A→B / (B')

これは少し変わった形です。本文 15 ページの三つ目の文と同じ形なのですが、A→B / B' の二つ目の脇役が消えています。消えている脇役は、エドが自分自身に言い聞かせている、ひとつ前のセリフです。本来なら Ed told himself, "Think, Ed! Think!"。

And suddenly he came up with an idea.

A↻

he (Ed) が主役で came が矢印。「アイディアと一緒に上に上がる」と表現して「アイディアを思いつく」。動きのある表現です。エドが自分の意識の湖に飛び込んで、その底からアイディアを見つけ、それと共にぶわっとしぶきを上げて水面に出てくる感じを想像してみてください。「思いついた」という感じがするでしょう？

> このページの Ed told himself. という文にはやや難しい解説がついていますが、単純に A→B と考えてもかまいません。ルールは理解するためにあるもので、理解ができれば、ルールは忘れてもかまいません。気楽にいきましょう。

p.18　ホットドッグ、マスタード、そして驚いた猫

Yesterday, Ed had made hot dogs for lunch, and the Big Fat Cat came to the table as usual.

　　and 連結文（A→B and A⤴）

　　最後の to 以下は「場所」と「どのように」の付録。

　　　この文をスタートに、このページはすべてエドの回想シーンになっています。回想シーンについて、詳しくは 85 ページからの「英語のおやつ」を参照してください。

Ed gave the cat a hot dog without thinking.

　　A→B / B'

The cat bit into it, cried out, and ran into the kitchen.

　　and 連結文（A⤴, A⤴ and A⤴）

　　bit（bite）だけだと「かむ、かみつく」ですが、何かの「中」を表す接着剤 in と「目標」の接着剤 to が連結された接着剤 into がついたことによって、ホットドッグに顔を埋めるようにかぶりついている感じがよく出ています。

bit the pie

bit into the pie

Completely surprised, Ed went after the cat and found it in the kitchen sink.

　　and 連結文（A⤴ and A→B）

　　it はもちろん the cat の代役です。

It was drinking water like crazy.

　　A＝B

　　くどいようですが、It は the cat の代役です。like crazy は「どのように」の付録。

Big Fat Cat and the Mustard Pie

> マクドナルドの「フランクバーガー」は、日本で手に入る唯一の典型的な「アメリカのホットドッグ」です。あの太いソーセージに、マスタードとケチャップとオニオンとレリッシュ（ピクルスなどを刻んだもの）を、正気の沙汰とは思えないほど大量に乗せてほおばるのがアメリカ式。一緒にポテトチップスやコーラも欠かせません。

p.19 猫はマスタードが嫌い

After thinking for a while, Ed finally realized what had happened.
A→B

After thinking for a while は「時間」の付録。

realized は「気づいた」というように訳されることがよくありますが、実は日本語にはない、とても便利な意味の言葉です。realized をニュアンスまで含めて訳すと、「現実化する」——つまり文字通り「real にする」ということです。記憶の中に埋もれていたものを探し出すのも「realized」なら、夢を現実にするのも「realized」というわけです。

The mustard on the hot dog had done the damage.
A→B

The cat seemed to hate spicy foods.
A＝B

seem も日本語にない不思議な言葉です。この単語を見たら、ぼんやりとした、はっきりしないイコールに置き換えてみると感覚がつかみやすいかもしれません。

When Ed woke up today, he found the yellow mustard bottle squashed flat.
A→B＝B'

脇役が二つあり、それらがイコールで結ばれている珍しい文。the yellow mustard bottle ＝ squashed flat。アメリカのマスタードはたいてい真っ黄色のプラスチック製ボトルやバケツに入っています。

"So you hate mustard, eh?"
A→B

eh? を読む時は憎たらしそうな笑みを浮かべて、少し皮肉っぽく読みましょう。

Ed grinned and went shopping.
　　and 連結文（A↩ and A↩）

> 【その他のエドのランチメニュー：Peanut Butter & Jelly Sandwich】
> アメリカのもっとも代表的な昼食メニューのひとつです。食パンにピーナツバター（甘みのないもの）と好みの味のジャムを挟んだだけのものですが、意外においしいので、だまされたと思って一度作ってみてください。

p.20　恐怖のマスタード・パイ

A while later, he returned from the supermarket with a great big bucket of mustard.
　　A↩
　　こんな巨大なマスタードの容器、いくらアメリカでも実在しないと思いますよね？　もしチャンスがあったらアメリカの大型スーパーで衝撃の事実を確認してみてください。

He went to the kitchen and got to work immediately.
　　and 連結文（A↩ and A→B）
　　got to work は「仕事を得る」で「仕事にとりかかる」。

An hour later, Ed finished making a huge piecrust.
　　A→B
　　大きさを表す化粧品はいろいろあります。はっきりとした順番が決まっているわけではないのですが、一般に次の順番で大きくなります。big → bigger → biggest → huge → enormous

He searched for the cat but it was nowhere around.
　　but 連結文（A↩ but A＝B）
　　nowhere は「どこにもない場所」。it was nowhere で「猫はどこにもない場所にいた」転じて「どこにもいなかった」。「無」を表現するためにわざわざ架空の「どこにもない場所」を作って、「そこにいる」と言うことで「いない」ことを表現する英語は、とても詩的な言語です。（ワンポイントコラム2参照、58ページ）

So Ed slowly opened the big bucket of mustard and poured it into the piecrust.
　　and 連結文（A→B and A→B）

Big Fat Cat and the Mustard Pie

It was an incredible amount of mustard.
   A＝B
   It は前文でエドが使用した mustard の総量です。次文の It も同様です。また三つ後の文の this もそうです。

It was probably enough to cover a hundred hot dogs.
   A＝B
   cover は文字通り「カバーする」という意味ですが、ここでは a hundred hot dogs を覆ってしまうのに十分なくらいの量があるということ。ちなみに日本とアメリカのマスタードの使用量を比べると、日本はこんな感じですが（イラスト左）、アメリカではこんな感じです（イラスト右）。

Maybe more.
   不完全な文
   本来なら前の文の最後について、It was probably enough to cover a hundred hot dogs, maybe more. というべきところですが、別の文に分けて強調しています。

If there was a lethal amount for mustard, this was way beyond it.
   A＝B
   If で始まる前半部は「もしも～だったら」という条件を表すフレーズ。後半の way は「ずっと」という意味で使われています。最後の it は「lethal amount」です。

> マスタードに限らず、アメリカのスーパーで売っている品物の最大サイズはどれも日本の製品の大きさとはかけ離れたものです。牛乳はガロン（1 ガロン＝約 3.8 リットル）で売られ、バターは巨大な容器を三段重ねにして売られています。缶詰なども両手でやっと持ち上げられるようなものが積まれていたりするから驚きです。

p.21 エドの逆襲

Trying hard not to laugh, Ed carefully spread a layer of blueberries on top of the pie.

A→B

前についていますが、Trying hard not to laugh はエドの様子を表す化粧文。Trying hard to laugh なら「一生懸命努力する＞笑うように」ですが、ここでは間に not が入っているので「一生懸命努力する＞笑わないように」。

This way, the cat would think it was a blueberry pie.

A→B

This way は「この道」転じて「これなら」。日本語でも「どの道」→「どのみち」という表現があります。どこの国でも人生の選択は道にたとえられることが多いようです。脇役は it was a blueberry pie という文全体。it was a blueberry pie の前に that を補うと分かりやすくなります。

Boy!

不完全な文

Boy はそのままだと「男の子」ですが、ここでは「ああ！」「なんてことだ！」などの叫び声です。手のつけられない腕白な男の子を持った母親や先生が生み出した表現かもしれませんね。

The cat was in for the surprise of its life.

A＝B

少し分かりづらい文です。in は何かの「中」にあることを表す「内包」の接着剤、for は「譲渡」の接着剤。セットになると、「中にはまる」。The cat は the surprise of its life の中に、我が身を捧げる運命にあるわけです。

Ed placed the diabolical mustard pie where he usually set blueberry pies and waited for the cat to come.

and 連結文（A→Band A↩）

Ed imagined what would happen and could hardly keep from laughing.

and 連結文（A→Band A↩）

what would happen の what は 53 ページ同様、漠然とした「何か」を表す仮の代役です。

　ここでの keep は 57 ページの kept（keep）と同じく「保つ」という意味ですが、使

Big Fat Cat and the Mustard Pie

い方が複雑です。laughing から離れている今の状態を「キープする（保つ）」という使い方です。

This will teach the cat a lesson for sure.
A→B / B'
This はもちろん mustard pie です。

> アメリカの食料品のサイズが大きいのは、彼らが日本人より単純に多く食べるからということもありますが、あまりにも国土が広大なため、町から離れた場所に住む人々がそうたびたび買い物に行けないことも理由のひとつです。田舎の多くの家庭には食料品倉庫のような、缶詰や乾物を大量に保管する部屋も備わっています。

p.22　もしもマスタード・パイが本当に危険だったら？

Ed went into the kitchen and waited for another hour.
and 連結文（A↩ and A↩）

Two hours went by, but still no cry from the cat.
but 連結文（A↩ but 不完全な文）
went by は Two hours という時間がすぐそばを過ぎ去ったことを表現しています。
　ここでの no は nothing、nowhere などにおける no の使い方とよく似ています。no は cry from the cat についているので、「なかった」のは cry from the cat になります。（ワンポイントコラム 2 参照、58 ページ）

Ed started to worry.
A→B

What if the mustard pie was really dangerous?
不完全な文
What if が文の頭についた時は「もしも」のことを示す架空の文になります。現実とは違うことを危惧している時に使います。

What if the cat went into shock after taking a bite?
不完全な文
これも上の文と同じ形です。

p.23　猫の方が一枚上手

Ed thought about this, and **realized** that he had done a **cruel thing**. （残酷な）

 and 連結文（A↩ and A→B）

 this は前ページの二つの what if の文の内容です。

He got to his feet and **started to run** into the shop when he noticed the cat was sleeping under his chair. （気づく）

 and 連結文（A↩ and A→B）

 got to his feet で「足につく」転じて「立ち上がる」。

  when のあとは「時間」の付録。ここを色分けするとこうなります。he noticed the cat was sleeping under his chair

"Cat! You smart thing!"

 不完全な文

 本来なら You are a smart thing!

You didn't eat the pie!

 A→B　否定の文

Good for you!"

 不完全な文

 「良い（という評価）」for「おまえ（猫）」。for は譲渡の接着剤。前半を後半に捧げています。これは慣用表現でもあり、子供などをほめるときにもよく使われます。

Ed smiled in **relief**. （緊張からの）解放

 A↩

The cat just **frowned** because dinner was late. （顔をしかめる）

 A↩

Just then, **the front door opened**.

 A↩

 the front door が「開いた」という文ですが、この時点では自然に開いたのか、誰かに開けられたのかは分かりません。

> エドはここで猫に対して「smart thing」と呼びかけていますが、thing は通常「もの」に対して使う言葉です。英語では動物も基本的に「もの」に含まれ、代役をたてる時には he や she ではなく it を用います。

p.25　立ち退き勧告

A tall man in a gray hat stepped inside.
　A↩　🟦

　　文の主役は A tall man in a gray hat。in a gray hat はこの背の高い男性に関する化粧文。「灰色の帽子の中の」と表現して「灰色の帽子をかぶった」という意味。考えてみると、確かに頭は帽子の中に入っているので、ぴったりの表現です。英語ではドレスなどを着ている場合も同じように表現します。たとえば a woman in blue なら「青い服の女性」。

"Ed Wishbone?"
不完全な文

　　ちなみに Ed の名字である Wishbone は感謝祭の時に焼く七面鳥の胸のところにある骨で、二本の細い骨が V の字につながった形をしています。この両端を二人で持ち、願いをかけて同時にひっぱります。二つに割れた wishbone のうち、長い方を持っていた人の願いがかなうとされています。

The man in the gray hat said abruptly. (唐突に)
　A↩　🟦

"Yes, that's me."
　A＝B

Ed replied, slightly surprised. (かすかに)
　A↩　🟦

　　離れていますが、カンマ以下は Ed の化粧品。

"You have to leave this mall by tomorrow morning." (離れる)
　A→B

　　「ショッピング・モールを去ることを（予定の中に）持っている」。つまり、「立ち退かなければならない」。英語の表現は時にパズルのようですが、そのユーモアをぜひ楽しんでください。

"Uh ... pardon me?"

(A) → B

本来は You pardon me。主役が省略されているということは命令なのですが、これは「(聞きとれなかった) 失礼を許してください」という丁寧な命令です。(ワンポイントコラム 1 参照、55 ページ)

"The owner of the mall has agreed to sell the lot^{区画}.

A → B

Bulldozers are coming to tear down^{引き裂く} the mall tomorrow."

A = B

"I ... I know nothing about this!"

A → B

"You do now."

A ↩

少し分かりづらいけれど、面白い文です。何に対しても代役をたてられる英語の性質を最大限に利用すると、こういったキレのある文を作ることができます。do は矢印全般の代役になることが可能な万能矢印。ここでは前の文の know の代わりになっています。分かりにくければ know に入れ替えて読んでみましょう。

> パイ・ヘヴンのショーウィンドウにかかっている人形のようなものは、Gingerbread Man というアメリカの典型的なクッキーです。シナモン生地のシンプルなクッキーに砂糖衣で顔や服が描かれたこのお菓子は、楽しい飾りつけとしても使われています。ただし、エドのお店の窓にかかっているものは、おそらくプラスチック製のおもちゃです。

p.26 オーナーは留守

With that said, the man in the gray hat left the shop in silence.

A → B

With that said は「どのように」の付録。that は前のページの男性のセリフを指しています。With は「伴う」という意味の「依存」の接着剤。つまり「それを言ったことに伴って」転じて「言い終わると」。

ワンポイントコラム 3　～ 転じる前、転じた後 ～

「転じて」と説明してある場合、単純に転じた結果の方を記憶して毎回それをあてはめていると、英語のニュアンスを見失うことになります。できるだけ「転じる」前の状態で理解するようにしてください。そうすることによって、より深く物語を感じることができるようになります。「言い終わると」という表現はほかにもたくさんあり、その中からこの形が選ばれたのには理由があります。ニュアンスをくみとらずにあらゆる表現をひとつの訳で憶えてしまうと、英語の魅力が半減してしまいます。

Ed turned around and found the cat looking at him.
and 連結文（A↩ and A→B＝B'）

"I'm in big trouble."
A＝B

I'm は「I am」の省略形。big trouble の「in（中）」にいるわけです。

Ed mumbled weakly.
A↩

mumbled は聞こえないような声で、口をもごもごさせて話すイメージ。言葉にならないつぶやきといった感じです。

The cat only yawned.
A↩

Ed picked the phone up and called the owner of the mall.
and 連結文（A→B and A→B）

No one answered.
A↩

またしても no を使った表現です。主役は No one。「誰もいない人が答えた」と表現して「誰も（電話に）答えなかった」。no を使った言い回しは冷静に考えると、とても奇妙な感覚です。「ないものがある（Nothing is there.）」「存在しない人がいる（No one is there.）」「ないことが起こる（Nothing happens.）」。ちょっと怖い感じさえします。（ワンポイントコラム 2 参照、58 ページ）

p.27 エドの決意

"I can't just give up.
　A⤴　否定の文
　just は「ただ」という意味を矢印に加えています。

The shop is all I have!"
　A＝B
　「店＝すべて」。「すべて」という脇役に「I have」という化粧文が加わっています。

Ed said aloud and slammed the phone down.
（声に出して／たたきつける）
　and 連結文（A⤴ and A→B）

"I'm going to the owner's place to ask him about this."
　A＝B

Ed said to himself as he grabbed his coat.
（つかむ）
　A⤴
　Ed が主役で said が矢印。to himself は「どのように」の付録。自分に話しかけているので、ひとりごとを言っていることになります。as は同時に起こっていることを表すフレーズ「〜しながら」。ここでは as 以下は一種の「時間」の付録として扱われていますが、分かりにくければ as でつながっている連結文（A⤴ as A→B）だと考えてもいいかもしれません。

"Stay here and be a good cat."
　and 連結文（A⤴ and A＝B）
　前後半とも命令口調の文です。消えた主役は猫。後半は日本語なら「おとなしくしていなさい」といったところでしょうか。（ワンポイントコラム1参照、55ページ）

Ed told the cat and went out of the front door.
　and 連結文（A→B / B' and A⤴）
　前半は 59 ページにも出てきた二つ目の脇役消失の形。消失した脇役は前のセリフ（エドが話した内容）全体です。このようにセリフの前後には、セリフを脇役とする文がつけられることがよくあるので、覚えておくと便利です。

The cat frowned.
　A⤴

It was wondering about its dinner.
　A＝B
　It は the cat の代役。its で「the cat の」。

> p.29　南エヴァーヴィルへ

Ed took the bus to the south side of town.
　A→B
　to the south side of town は「場所」を表す付録。bus は乗り物なので、ride してもいいのですが、take することもできます。乗る前や乗り終わったあとに、そのバスでの「移動時間」を一瞬として表現するときに take を使う傾向があります。take を使うと、「バスに乗る」というよりは、数あるバスのルートから「このバスのルートを取った」という意味合いになります。

This was the place where the rich folks lived.
　A＝B
　This は前文の the south side of town の代役。脇役 the place に化粧文がついています。

Ed found the mansion where the owner lived but no one answered the doorbell.
　but 連結文（A→B but A→B）
　mansion は日本語の「マンション」とは違って一戸建ての大邸宅のことです。where the owner lived は the mansion を具体的に説明している化粧文。
　後半の主役 no one はおなじみの「透明な代役」系のフレーズです。（ワンポイントコラム 2 参照、58 ページ）

> エヴァーヴィルの町の南部には高級住宅街が広がっています。家はどれもとても大きいのですが、決して大富豪が住んでいるのではなく、ビジネスクラスの白人を中心とした庶民的な人々がほとんどです。日本にはアメリカほど極端な貧富の差がないので分かりにくいのですが、日本の「中流階級」は向こうでは十分裕福な家庭です。

> p.30　高級住宅街で待ちぼうけ

Ed tried again.
　A↩

But again, no answer.
　不完全な文

Ed decided to wait for the owner.
　A→B

The sidewalk was very cold and the wind was strong but Ed waited.
　and-but 連結文（A＝B and A＝B but A↩）
　and や but などのつなぎ言葉が複数出てくる長い文。and や but を使えば、このように
　いくらでも文をつなげていくことができます。

And waited ...
... and waited ...
... and waited.
　and 連結文（and A↩ ... and A↩ ... and A↩）
　waited という動作をしたのは Ed。and を使って動作を繰り返すことにより、エドが待
　ち続けている様子を伝えています。

But no one came home.
　A↩

　「存在しない人が帰ってきた」→「誰も帰ってこなかった」。英語は実に不思議です。

It became dark and the temperature dropped.
　and 連結文（A＝B and A↩）
　主役 It は 56 ページにも出てきた、漠然と「時間」を表す It です。ここでは、あたりが
　「暗くなる」時間帯の周囲の状況全体を含めて It と表現しています。

Ed's hands were very cold.
　A＝B

He couldn't feel them.
　A→B　否定の文
　He は Ed の代役、them は Ed's hands の代役です。

> アメリカで何が印象的かといえば、やはり道路です。片側二車線、三車線は当たり前で、広いところは四車線以上もあり、それがどこまでもどこまでもまっすぐに続いていきます。エドが現在立っているような住宅街の道でさえ、子供なら渡るのが大変な広さです。でも交通量自体はとても少なく、十分間ぐらい何も通らないことも……。

p.32 長く冷たい夜

It had been only six months since he opened Pie Heaven.
A ＝ B

It は「時間」の代役でおなじみの It。since he opened Pie Heaven は「時間」の付録。

True, **it was** a small store in a deserted part of town, but **it was** still his dream.
but 連結文（A ＝ B but A ＝ B）

この文も次の文も、it はすべて Pie Heaven の代役です。

It was all he had.
A ＝ B

he had は all の化粧文。

Rain started to fall somewhere around midnight.
A → B

somewhere around midnight は「時間」の付録。midnight は「真夜中」と訳されることの多い言葉ですが、実はもっと具体的に「夜中の 12 時」という時刻を指す単語です。somewhere は -where という部分から分かるように場所を表す言葉。「夜中の 12 時かそのくらいに」という意味を、あえて「12 時あたりのどこか」という場所の表現で表しています。sometime でもいいのですが、時間帯を場所として表すことにより、エドのさまよっている心をさらに強く表現しています。

Ed was freezing.
A ＝ B

freeze はカタカナでもおなじみの言葉ですね。冷蔵庫にも freezer がついています。Ed froze. と言うと、エドが氷のようにコチコチに凍ってしまったことになるので、そこまで行く「途中」の表現として Ed was freezing. と言っています。実際は、cold では表現できないほどの寒さを表す慣用表現として freezing が用いられます。

But he did not give up.
    A↻　否定の文

He continued to wait.（継続する）
    A→B

He realized he was very hungry.
    A→B
    脇役は he was very hungry という文全体です。

And that reminded him that he had forgotten to feed the cat.（思い出させる／忘れる／エサを与える）
    A→B / B'
    最初の that は前の文全体の代役です。そのことがエドに思い出させた内容が後ろの that よりあとの部分。ここを色分けすると、こうなります。he had forgotten to feed the cat。

He imagined the cat crying for food and briefly thought about going home, but finally shook his head.（わずかに／振る）
    and-but 連結文（A→B＝B' and A↻ but A→B）
    ここでも and と but で短い文が三つつながれています。crying しているのは猫なので「泣いている」ではなく「鳴いている」です。

He wanted to get some food but decided that he wouldn't eat because the cat hadn't eaten either.（～もまた）
    but 連結文（A→B but A→B）

p.33　逃げていたオーナー

And then it became morning.
    A＝B
    ここでの it は、おなじみ「時間」の代役の it。

Still nobody came.
    A↻
    主役 nobody は no one と同じように「存在しない人」を表します。同じ意味ですが、ニュアンスは違います。one は代役にもなれる言葉なので、no one came なら一応その場に現れる可能性のある人が「現れない」ことを示します。それに対して nobody came

は、-body という体を示す曖昧な表現からも分かるように、より漠然と「人が来ない」ことを指します。人っ子ひとり現れない寂しい状態です。(ワンポイントコラム 2 参照、58 ページ)

Completely exhausted and discouraged, Ed finally thought of looking through a window inside the owner's mansion.
A ↵　🟨🟩🟥

Completely exhausted and discouraged はエドの状態を示す化粧品。単独で前に置かれて強調されています。

It was empty.
A = B

It は前文 inside the owner's mansion。

The owner was long gone.
A = B

何が long かというと、もちろん時間。long (time ago) に gone してしまったということです。

He had probably run away to escape from debt.
A ↵　🟨🟩🟥

away はどこかから「離れる」こと。ここで急いで離れたのは、場所ではなく「debt」から。

Tears streamed down Ed's face, but it was all too late.
but 連結文 (A ↵ but A = B)　🟨🟩🟥

Tears は「動き」の tear (引き裂く) とは違い、「涙」を意味する役者です。too は何かが過剰なことを表す化粧品で、脇役 late をより詳しくしています。ただ「遅い」だけではなく、「遅すぎる」のですね。さらに前に all がつくことによってより強調され、絶望感を出しています。late → too late → all too late。「遅い」もけた外れの「遅い」です。

　it はいつもの「時間」の代役です。

Ed took the morning bus home.
A → B

home は「家へ」という方向を表す「場所」の付録。

> 日本では市内の路線バスは代表的な市民の交通手段で、子供が一人で乗っても心配のない乗り物ですが、アメリカの多くの町ではバスは危険とされています。ほとんどの移動を自家用車で行うアメリカで、バスを使うのは一般に低所得者層であり、バスの車内での犯罪が絶えないのが実状です。おまけに車体はボロボロで不潔なものが多く、喜んで乗る人はあまりいません。

p.34　帰途につくエド

In the early morning light, The New Everville Mall appeared alongside the road.

A⤶

In the early morning light は「時間」の付録とも「場所」の付録ともとることができます。

Ed looked at it in silence from the bus window.

A⤶

it は The New Everville Mall の代役。in silence は「どのように」の付録、from the bus window は「場所」の付録です。

For a moment, Ed wondered if he might someday be able to open a store inside The New Mall.

A→B

if から後がこの文の脇役。if 以下の架空の内容が実現する日が来るのかどうか、エドは wonder しています。

Ed mumbled and shook his head.

and 連結文（A⤶ and A→B）

The New Mall disappeared behind a hillside and the long road towards the old town stretched out in front of the bus.

and 連結文（A⤶ and A⤶）

前半も後半も主役が人間ではなく、「ショッピング・モール」や「道」なので一瞬「あれ？」と思われたかもしれません。日本語でも「ショッピング・モールが消えていった」、「道がのびていた」というのはショッピング・モールや道が実際に消えたりのびたりして

いるわけではないですよね。道が「まっすぐ先へ続いている」という事実を表現するのに、二つの異なる言語が同じ「のびる」という矢印を使っているということは、とても興味深いことです。

> 後方に小さく見えるのがニュー・エヴァーヴィル・モールです。アウトサイド・モールのような商店街スタイルのモールに取って代わったのが、このような郊外型の大型屋内モールです。駐車場は反対側の端が見えないほど広く、屋内は全館冷暖房が備えられていて、アイススケート場まで完備している巨大なものもあります。

p.35　それでもお店はあきらめない

Ed sat silently.
　A⤴　🟥🟧🟩🟦

Outside Mall was nothing compared to The New Mall, but he loved it anyway.
　but 連結文（A＝B but A→B）　🟥🟧🟩🟦
　it は Outside Mall。このあと二つの文の it も同様です。

It was still his dream.
　A＝B

He was determined to save it.
　A＝B

The bus rounded one final corner and the lake appeared on the left.
　and 連結文（A→B and A⤴）　🟥🟧🟩🟦

In a moment, Outside Mall would show up on the same side.
　A⤴　🟥🟧🟩🟦

Ed started to get up.
　A→B　🟥🟧🟩🟦
　「up（上）」を「get（得る）」で「立ち上がる」。このような曖昧な表現は前後の文脈から感覚的に読みとることも大事です。

And **stopped**.
A ↩ 🏳️

本来は前の文とつながっているはずですが、強調するために切り離されています。当然消えている主役は Ed です。

"Oh my God ..."
不完全な文

翻訳などでは Oh my God! が「神よ！」と訳されていることもありますが、実際のところ、そこまで宗教的な意味は含まれていません。ただの慣用句と考えた方が適当と言えます。「なんてこった！」というぐらいのニュアンスで受け取ってください。

Ed **whispered**.
（ささやく）
A ↩ 🏳️

He **staggered** towards the door as the bus pulled up to the bus stop.
（よろけながら歩く）
A ↩ 🏳️

as 以降の文は「時間」の付録で、同時に起こっている状況を説明しています。70 ページ同様、as で接続された二番目の文だと考えてもらってもかまいません。その場合、文の形は A ↩ で、色分けすればこうなります。as the bus pulled up to the bus stop。pull up は「引いて上げる」で「引き寄せる」。

"No ... no!!"
不完全な文

何か特定のものに対する否定ではありません。目の前に展開する恐ろしい現実を否定したい気持ちが溢れ出してきた No です。

> ☕ 日本語では「愛する」というのはめったに使わない大げさな言葉ですが、英語では like よりもさらに好きなものを示すときに普通に使われています。「祈る」という意味の pray も、やはり日本語では非日常的な言葉ですが、英語では「強く願う」の意味で頻繁に使われています。

---

p.38　猫はどこだ！?

"Cat! Oh my God! Caaatttt!!"
不完全な文

Big Fat Cat and the Mustard Pie

Ed ran straight to the store, completely forgetting about everything else.
A ↻ 🏳️

straight to the store は「場所」の付録。completely forgetting about everything else はエドの様子をつけ足している化粧文です。あまりに長いので Ed の後ろにつけずに、最後につけています。

"Cat!! Where are you!?
A = B
55 ページ参照。

Get out of there!"
(A) ↻
(ワンポイントコラム 1 参照、55 ページ)

A bulldozer started to tear into the outside wall of Pie Heaven.
A → B 🏳️

Several men noticed Ed running towards the shop and cried out in surprise.
and 連結文 (A→B＝B' and A↻) 🏳️
Several men とはおそらく工事関係者です。

p.39　猫の救出

"Hey! You! What are you doing?
A = B
これも順序が入れ替わった文です。元の形は You are doing what。しかし、この形では実際には使われません。

Somebody stop him!"
A → B
！マークからも分かるように、その場にいる人に大声で呼びかけている文です。呼びかけられているのは主役の Somebody「(誰でもいいから) 誰か」。「誰でもいい人」という事実上存在しない人に呼びかけているので、主役はいないも同然となり、文全体は命令口調になっています。

A worker caught Ed by the arm, but Ed desperately flung it away.
 but 連結文（A→B but A→B）

 前半部分の by は「依存」の接着剤。ここでは、「エドの腕」というポイントによって彼をつかまえたということになります。

The sidewalls were collapsing inwards.
 A＝B

Ed ran into the shop and found the cat sleeping on the showcase.
 and 連結文（A↩ and A→B＝B'）

It had eaten most of the pies for yesterday's supper.
 A→B

p.40 エドと猫、危機一髪！

Ed grabbed the sleeping cat and dashed back to the front door.
 and 連結文（A→B and A↩）

The surprised cat tried to get away but Ed held on tightly.
 but 連結文（A→B but A↩）

Just before the whole building crashed down, Ed tumbled out of the shop.
 A↩

 Just からカンマまでは「時間」の付録。Just がつくことによって危険が迫っていることが強調され、「間一髪」というニュアンスになっています。

The cat scratched its way out of Ed's hands and ran for its life.
 and 連結文（A→B and A↩）

 its はどちらも「The cat の」。前半は文字通り読めば「自分の逃げ道をひっかいて（作った）」。想像力を働かせて場面を思い浮かべてみてください。

The construction workers barely managed to rescue Ed from the wreckage.
 A→B

 managed は何らかの困難な状況をやりくりして、なんとか結果を出すという意味の矢印。

Big Fat Cat and the Mustard Pie

from the wreckage は「場所」の付録です。

p.41 夢の跡

Several hours later, <u>Ed</u> <u>sat</u> in the parking lot of Outside Mall looking at the empty space that used to be his shop.

A⤴

付録の多い文です。Several hours later は「時間」の付録、in the parking lot of Outside Mall は「場所」の付録。区切りが少し分かりづらいのですが、looking 以降はエドの様子を表す化粧文になっています。that used to be his shop は the empty space の化粧文で「(今はもう違うけれど) かつては彼の店だった」。

Ed にとってもうお店は used to で表現されるものになってしまったのでしょう。

The trucks had <u>taken</u> everything away.

A→B

Ed had <u>lost</u> everything in one day.

A→B

in one day は「時間」の付録。

The Big Fat Cat <u>came</u> out from behind a pile of concrete and cautiously approached Ed.

and 連結文 (A⤴ and A→B)

from behind a pile of concrete は「場所」の付録。ちらばっているガレキの後ろを指しています。

It <u>was</u> careful because it thought that Ed would grab it again.

A＝B

because 以降は「〜だから」という理由を表すフレーズです。この部分を色分けするとこうなります。because it <u>thought</u> that Ed would grab it again。it はすべて猫です。

Ed <u>noticed</u> the cat and <u>turned</u> around.

and 連結文 (A→B and A⤴)

The cat <u>jumped</u> in alarm.

A⤴

p.42 エドに残されたもの

Ed said weakly.
A ↩ 🏳️‍🌈

"You know, I used to think that life was like a blueberry pie.
A→B 🏳️‍🌈

You know は形の上では主役＋矢印になっていますが、たいした意味はありません。あえて訳すなら「君も知っている通り」となりますが、基本的にはただの置き言葉です。「まあ」とか「なあ」とか、その程度の意味合いです。このフレーズは、おそらく英語でもっとも多く使われている慣用句のひとつで、言葉に詰まった時などに自然に口にする人が多いようです。文のメインは主役 I から始まる部分。

Sometimes sour, but mostly sweet.
　不完全な文
　前文の a blueberry pie の味を具体的に表現している化粧品です。

But I was wrong.
A＝B

…… Life isn't a blueberry pie.
A＝B　否定の文

It's more like a mustard pie.
A＝B
It は前文の Life の代役。more は like a mustard pie を強めています。

I've lost everything."
A→B
I've は I have の省略形。

The cat slowly approached Ed, still cautious, but came right to his feet.
but 連結文（A→B but A↩）🏳️‍🌈
still cautious は猫の様子を表す化粧品。

It meowed.
（ミャオと鳴く）
A ↩ 🏳️‍🌈

It は前文の The cat の代役。この矢印は「meow（ミャオ）」という猫の鳴き声をそのまま表現したものです。

It was probably hungry.
　A＝B

Ed found a weak smile.
　A→B
　そのまま訳せば「エドは弱々しい微笑みを見つけた」。

Well ......
　不完全な文
　エドの心の言葉です。元は「よい」という意味ですが、こういう場面に単独でつぶやくと、「まあ、いいか」という、あきらめの混ざった妥協の気持ちを表します。

Perhaps not everything.
　不完全な文
　今回一番難しい文かもしれません。エドの最後のセリフ"I've lost everything."を受けて、Perhaps（I've lost）not everything.となっています。文の形を厳密にとらえる必要はありません。この三つの単語を見て意味が感じ取れたなら、それでもう十分です。
　　全てを失ったエドにはたったひとつ残されたものがあったのです。
　　……大きくて太ったものが。

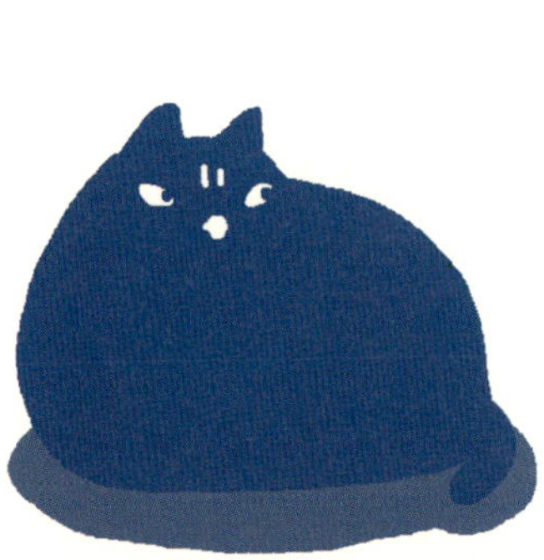

ビッグ・ファット・キャットの
英語のおやつ

ここから先は今までよりも少し難しくなっています。
物語を理解するために不可欠な内容というわけではないので、
決して無理に読み進めないでください。
物語を読むための知識は前作
『ビッグ・ファット・キャットの世界一簡単な英語の本』に
載っているだけで十分です。

この先の内容はあくまで「おやつ」です。
おいしいけれど食べ過ぎは禁物です。頭が太ってしまいます。

でも、英語が好きで、もっと英語のことが知りたいという方は、
今の知識を十分に消化してから、余裕ができた時の
楽しみにとっておいてください。
決して知らなくて困るというものではありませんが、
知っていれば、英語がもっと楽しくなるはずです。

舞台裏をのぞいてみよう

　英語はとても奥の深い、面白い言語です。知れば知るほど楽しくなってくる秘密の宝庫でもあります。表面上の意味だけでなく、隠された意味もたくさん持っている言語です。
　たとえばこの二つの文章、ほとんど違いがないように見えますが、本当はどうなのでしょう？

The cat scratched Ed.
The cat had scratched Ed.

　日本語に訳してしまえば、どちらも同じ「猫はエドをひっかいた」になってしまいます。しかし英語では、この二つの文ははっきりと使い分けられています。というのも、実は下の文は上の文よりも昔の出来事を表しているからです。
　英語にはそんな隠されたニュアンスがいろいろとあります。

　この「英語のおやつ」ではいろんな形でそんな英語の「舞台裏」を紹介していく予定です。必ずしもそれらは物語を読む上で不可欠なことではありません。また、わざわざ覚えなくても、読書を重ねていけば、自然に感覚として身についていくことでもあります。なので、肩に力を入れず、少し物知りになるつもりで、気軽に読んでいただければ幸いです。
　それでは、今回は「時間の設定」について見ていきましょう。なぜ、下の文は上の文よりも昔の出来事だと分かるのでしょうか？

矢印の標準形ってどんな形？

　英語の「時間の設定」を知るには、矢印の部分に注目しましょう。いつごろの出来事かによって、矢印はひそかに三種類の形に変化しています（たとえば scratched は、ほかに had scratched や used to scratch にも変化します）。それなら逆に、この変化の形さえ覚えてしまえば、すぐに文章がいつの出来事か分かるようになるはずです。
　しかし、ここで断っておかないといけないことがひとつあります。
　矢印の一番標準の状態は、正確に言えば辞書に載っている形です。scratched の例で言えば、辞書に載っている形は単純な scratch です。しかし意外にも、この辞書形はそのままではめったに文章の中で使われません。なぜなら、辞書形は「現在」を表す形だからです。
　意外に気がつかないことですが、ほとんどの文章は書かれている時点で、基本的に「過去の出来事」を表しています。今起きている出来事を体験しながら、同時にそれを文章にしていくというのはちょっと考えにくいことです。だから、「辞書形」は実際に

はほとんど出てきません。

　つまり矢印を使う時は、辞書形に「過去」を示す「ed」をつける（たとえば scratch なら scratched とする）のがふつうだと考えた方が便利です。

　この辞書形＋ed の形を、この本では矢印の「カラーモード」と呼ぶことにしましょう。なぜ「カラーモード」なのかというと、それはこの次の項目で――

矢印の変形：その1 カラーモード

　文というのはある瞬間を写し取った一枚の写真のようなものです。たとえば The cat scratched Ed. という場面が演じられていて、それをカメラで写したとしたら……

きっと出来上がるのはこんな写真です。

カラーモードは
一番ふつうのモード

　正に The cat scratched Ed. という瞬間ですね。

　まだ撮ったばかりの出来事で、記憶にも新しく、まるで色あせていません。現実の世界でも、写真といえばふつうはカラー写真であるように、英語の文章も大部分がこの「カラーモード」の矢印で書かれています。本書の物語も八割はこのモードです。ただ、どんなに最近の出来事であっても、写真は常に少しは過去のことであるというのを忘れないでください。

　これがまず最初の矢印の変化の形：辞書形＋ed の「カラーモード」です。英語の文

章で一番多い「時間の設定」です。

> **変異矢印について**
> 中には ed をうまくつけることができないために、別の形に変形する矢印もあります。（たとえば come は come+ed ではなく came になります。）本書ではこれらを「変異矢印」と呼び、分かりやすいよう解説中では下の例のように下線を引いてあります。
>
> **Still nobody came.**

矢印の変形：その2 モノクロモード

　もうひとつよく出てくる矢印の形として、これにさらに「had」をつけて「had scratched」として使う「モノクロモード」があります。これは「カラーモード」よりもさらに過去の出来事を写した写真です。

モノクロモードは鮮やかではないが、強い印象がある

　また、「モノクロモード」にはその矢印の出来事をより強める働きがあります。「確かに～をした」というように強調します。
　では、どんな時に「モノクロモード」を使うのでしょう？　たとえば、誰かがつい先ほどのことを振り返って「カラーモード」で文章を書いているとします。その中で、「そういえば三年前も～」とそれよりもさらに前の話を始めたとしたら、その「三年前」の出来事は矢印を「モノクロモード」に切り替える必要があります。
　このように、「モノクロ」は「カラー」から見て、さらに過去が登場した時に使われます。
　本書での例をあげるならば、本文 18 ページの最初の一文を見てみてください。このページ、最初の一文だけが「モノクロ（had made）」になっていますが、実はページ中はすべてが回想シーンです。シーン全部を「モノクロ」で表してもいいのですが、それだとくどくなってしまうので、あえて「モノクロ」は最初の一文だけに留めています。この手法は英語ではよく用いられます。

矢印の変形：その3 セピアモード

さて、矢印の三つ目の変化は少し変わった形です。「used to 辞書形」（used to scratch など）で表される「セピアモード」です。

これもやはり過去の出来事を表しているのですが、このモードで書かれた文章はなんとなく色あせていて、どこか切ない雰囲気になっています。

セピアモードで撮影されたものはどこか切ない

カラー写真やモノクロ写真がただの「記録写真」であるのに対して、セピア写真は思い出が詰まった、少し切ない「記念写真」です。「カラー」や「モノクロ」はただの「記憶」ですが、「セピア」には語り手の感情が強く入っています。

日本語でも過去を振り返るのに、「猫はエドをよくひっかいた」と言うのと、「猫はエドをよくひっかいたものだった……」と言うのでは、かなり印象が違います。前者が事実をただ述べているのに対して、後者はその内容に特別の思い入れがあることが伝わってきます。

人間は過去の出来事でも、自分の中でまだ生々しく覚えている過去と、本当に「過去になった」出来事とを自然に分けて考える性質があります。「セピア」の文は「かつてそうだった」という意味を強調しているため、同時に「今は違う」という意味も含んでいます。心の中でも「過去」になった出来事――もう決して戻れない時間……それが「セピア」――「used to 辞書形」の文で表す過去です。

他の二つに比べて分かりにくいかもしれません。でも、これ以上説明するより、実際に本文の中からセピアモードの文を見つけて、どういう時に使われているかを見ていく方がきっとよく分かると思います。

文章には説明やルールだけでは感じ取れない部分があります。でも、それは決して難しいことではありません。繰り返し読んでいけば自然に身につく感覚です。「覚えよう」と思わず、ただ自然に物語を楽しんでみてください。used to と聞いただけで、切ない気持ちになるのも、そう遠い未来ではないはずです。

まとめ

それでは最後に三つの「時間の設定」をもう一度まとめてみましょう。矢印がどの形になるかで、その文が 1) ふつうの文か、2) 過去の出来事か、3) もう戻れない過去

なのかが分かります。

【1.カラーモード】
（辞書形＋ed）
単純な過去の出来事。もっとも多い形。

【2.モノクロモード】
（had 辞書形＋ed）
カラーモードよりももっと過去の出来事。回想シーンなどに使われる。カラーモードよりも出来事が強調されている。

【3.セピアモード】
（used to 辞書形）
センチメンタルな過去。帰らない日々。どこか切なさのともなう表現。

　すでにお気づきだと思いますが、冒頭で紹介した二つの文（The cat scratched Ed.と The cat had scratched Ed.）は、前者が辞書形 scratch+ed で「カラーモード」、後者はそれに had がついて had scratched で「モノクロモード」。後者が前者よりも過去になるのはそのためです。

　次に本編を読み返す時には、ぜひ三種類の矢印の「モード」を意識して読んでみてください。なぜその文章はそのモードで書かれているのか、理由を想像してみると、きっといろんな新しい発見があるはずです。

　参考までに、解説ではモード別に三種類のマークを表示して、「時間の設定」が一目で確認できるようにしておきました。（今回はイコール文にはモードマークをつけていません。）英語を読むことに慣れたら、「時間の設定」を意識して、回想シーンやキャラクターの過去に対する思い入れを感じ取ってみてください。でも、よく分からなかったからと言ってがっかりする必要はありません。「時間」の問題です。ゆっくりいきましょう。

　　カラーモード　　モノクロモード　　セピアモード

ビッグ・ファット・キャットの
付録

この本はこれでおしまいです。
最後まで読んでくださったみなさま、本当にありがとうございました。
感謝の気持ちを込めて、小さなプレゼントを用意しました。

エヴァーヴィルの地図です。
よかったらいろいろ想像しながら眺めてみてください。

アウトサイド・モール……どこにあるか分かりますか？

EVERVILLE

Spyglass Mountains

← STANDPOINT

GLASSVIEW →

Lake Every Drive

Valley Mills Drive

SOUTH EV...

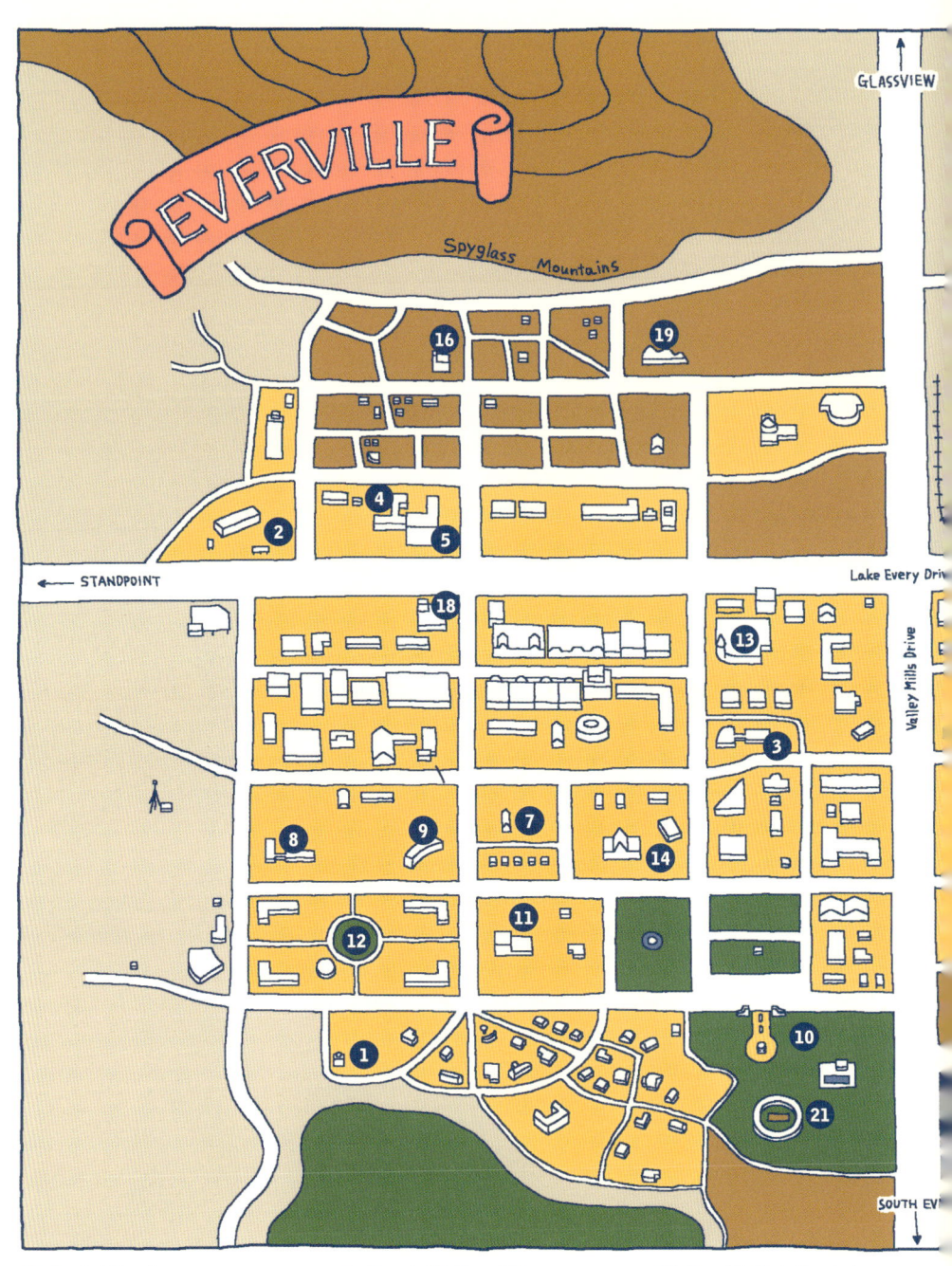

1. Baptist Church
2. Bus Depot
3. Central Post Office
4. City Hall
5. Courthouse
6. Deserted Railroad Line
7. Everville Elementary School
8. Everville High School
9. Everville Junior High School
10. Everville Park
11. Everville Park Hospital
12. Everville-Standpoint Community College
13. Everyday Community Bank
14. First Church of Everville

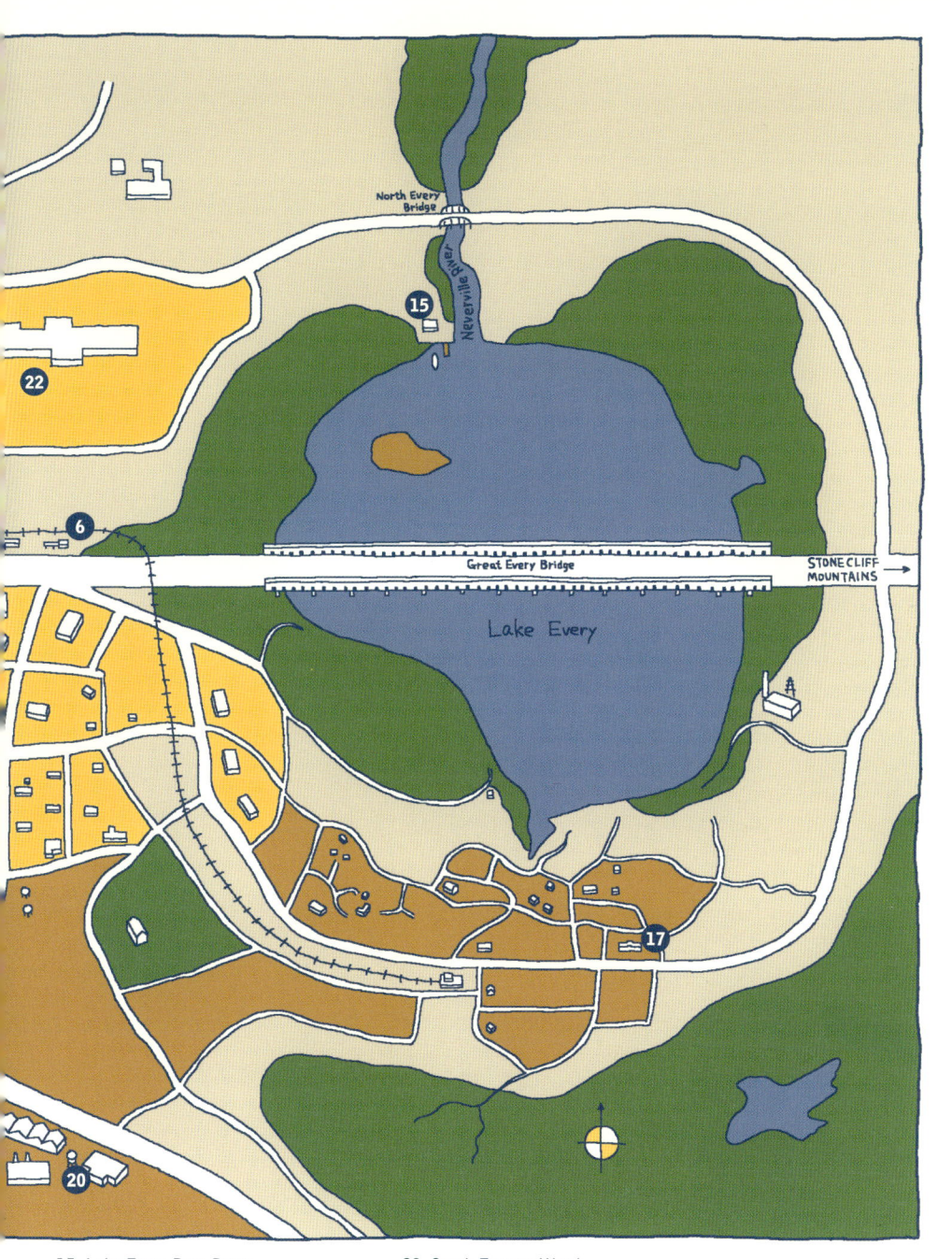

15. Lake Every Boat Ramp
16. Old Everville Cinema
17. Outside Mall
18. Police Station
19. Rushrow Museum of Mining
20. South Factory Ward
21. Standpoint Stadium
22. The New Everville Mall

あとがき

　BFC BOOKS 第一弾、『ビッグ・ファット・キャットとマスタード・パイ』、お楽しみいただけましたでしょうか。
　難しかったでしょうか？ それとも簡単過ぎましたか？ ぜひ感想を聞かせてください。
　BFC BOOKS ではこれからも読みやすい英語表現で書かれた、楽しみながら読める物語を紹介していく予定です。エドと猫と共に旅を続けていくことによって、英語がもっと好きになってもらえると信じています。
　本シリーズでは『ビッグ・ファット・キャットの世界一簡単な英語の本』の学習方法を元に、前作では取り上げられなかった要素を少しずつ加えながら、先へ進んでいこうと考えています。一冊目の本書では、巻末の「英語のおやつ」のページで「時間の設定」について多少踏み込んだ説明をしています。もちろん、知らなくても物語を読むことはできますが、知っていれば、よりいっそう物語を楽しめるはずです。
　とにかく、楽しくなければ英語ではありません。気楽に一歩ずつ歩いていきましょう。
　だいじょうぶ、みんな一緒です。

　　　　　　　　　　　　　向山貴彦・たかしまてつを・ studio ET CETERA

　当シリーズは英文法の教科書ではなく、あくまで「英語を読む」ことを最大の目的として作られています。このため、従来の英文法とはいささか異なる解釈を用いている部分があります。これらの相違は英語を初心者により分かりやすくするため、あえて取り入れたものです。

STAFF

written and produced by Takahiko Mukoyama	企画・原作・文・解説 向山貴彦	
illustrated by Tetsuo Takashima	絵・キャラクターデザイン たかしまてつを	
rewriting by Tomoko Yoshimi	文章校正 吉見知子	
art direction by Yoji Takemura	アート・ディレクター 竹村洋司	
layout design by Aya Nakamura	レイアウト 中村文	
technical advice by Fumika Nagano	テクニカル・アドバイザー 永野文香	
edited by Masayasu Ishihara Shoji Nagashima Atsushi Hino	編集 石原正康（幻冬舎） 永島賞二（幻冬舎） 日野淳（幻冬舎）	
editorial assistance by Kaori Miyayama Takako Mukoyama	編集協力 宮山香里 向山貴子	
English-language editing by Michael Keezing	英文校正 マイクル・キージング（keezing.communications）	
supportive design by Gentosha Design Room	デザイン協力 幻冬舎デザイン室	
supervised by Atsuko Mukoyama Yoshihiko Mukoyama	監修 向山淳子（梅光学院大学） 向山義彦（梅光学院大学）	
a studio ET CETERA production	製作 スタジオ・エトセトラ	
published by GENTOSHA	発行 幻冬舎	

special thanks to:
Mac & Jessie Gorham　マック＆ジェシー・ゴーハム
Baiko Gakuin University　梅光学院大学

series dedicated to "Fuwa-chan", our one and only special cat

---

BIG FAT CAT オフィシャルウェブサイト
http://www.studioetcetera.com/bigfatcat

studio ET CETERA オフィシャルサイト
http://www.studioetcetera.com

たかしまてつを tt-web
http://www.tt-web.info

Joe & Jodie's Kitchen
http://www.studioetcetera.com/staff/kitchen

幻冬舎ホームページ
http://www.gentosha.co.jp

〈著者紹介〉
向山貴彦　1970年アメリカ・テキサス州生まれ。作家。製作集団スタジオエトセトラを創設。デビュー作『童話物語』(小社刊)は、ハイ・ファンタジーの傑作として各紙誌から絶賛された。向山淳子氏、たかしまてつを氏との共著『ビッグ・ファット・キャットの世界一簡単な英語の本』は、英語修得のニュー・スタンダードとして注目を浴び、ミリオンセラーとなった。

たかしまてつを　1967年愛知県生まれ。フリーイラストレーターとして、雑誌等で活躍。1999年イタリアのボローニャ国際絵本原画展入選。2002年8月に『ビッグ・ファット・キャットのグリーティング・カード』(幻冬舎文庫)を刊行。

ビッグ・ファット・キャットとマスタード・パイ
2002年10月10日　第1刷発行

著　者　向山貴彦　たかしまてつを
発行者　見城　徹

発行所　株式会社 幻冬舎
　　　　〒151-0051 東京都渋谷区千駄ヶ谷4-9-7

電話:03(5411)6211(編集)
　　　03(5411)6222(営業)
振替:00120-8-767643
印刷・製本所　株式会社 光邦

検印廃止

万一、落丁乱丁のある場合は送料当社負担でお取替致します。小社宛にお送り下さい。本書の一部あるいは全部を無断で複写複製することは、法律で認められた場合を除き、著作権の侵害となります。定価はカバーに表示してあります。

©TAKAHIKO MUKOYAMA, TETSUO TAKASHIMA, GENTOSHA 2002
Printed in Japan
ISBN4-344-00221-0 C0095
幻冬舎ホームページアドレス　http://www.gentosha.co.jp/

この本に関するご意見・ご感想をメールでお寄せいただく場合は、comment@gentosha.co.jpまで。

GENTOSHA